노숙 문제의 현실과 대응

한국과 일본의 비교

서울대학교 아시아연구소총서 기초연구시리즈 2

노숙 문제의 현실과 대응

한국과 일본의 비교

초판 1쇄 발행 2014년 11월 30일
초판 2쇄 발행 2015년 8월 30일

편저자 구인회·정근식
펴낸곳 서울대학교출판문화원
펴낸이 성낙인

책임 편집 정성숙
디자인 장혜원

출판등록 제15-3호

주소 151-742 서울 관악구 관악로 1
대표전화 02-880-5252 | **팩스** 02-888-4148
마케팅팀(주문상담) 02-889-4424, 02-880-7995
이메일 snubook@snu.ac.kr
홈페이지 www.snupress.com

ISBN 978-89-521-1621-5 94330
978-89-521-1475-4 (세트)

이 연구는 서울대학교 아시아연구소 아시아기초연구사업 연구비에 의하여 수행되었음.

서울대학교 아시아연구소총서
기초연구시리즈 2

한국과
일본의 비교

노숙 문제의 현실과 대응

구인회·정근식 편저

서울대학교출판문화원

Comparison of Korea and Japan

Homelessness and Societal Responses

Inhoe Ku and Keun-Sik Jung eds.

Seoul National University Press

책머리에

사회적 양극화라는 문제가 한국사회를 괴롭힌 지 벌써 오랜 시간이 흘렀다. 고용 없는 성장과 비정규 노동의 확대, 만성적 실업과 노숙인 문제는 오늘날 한국사회가 풀어가야 할 사회경제적 난제이자 사회정책에 관심이 있는 한국의 학계가 전공분야를 불문하고 함께 연구해야 할 학문적 숙제이다.

2009년 서울대학교에서 실시한 청년인턴사업을 활용하여 우리는 노숙인생애사 아카이브를 구축하였고, 이 자료를 바탕으로 하여 『한국의 노숙인: 그 삶을 이해한다는 것』(서울대학교출판문화원, 2012)이라는 단행본을 출판하였다. 우리는 이 공동연구를 수행하면서 동아시아의 유사한 사례들에 관해 관심을 두게 되었고, 그중에서도 특히 일본이 겪고 있는 '홈리스' 문제를 주목하고 있었다. 한국의 노숙인 문제와 비슷하면서도 다른, 한국사회보다 훨씬 큰 규모의 일일노동시장을 갖고 있으며 한국사회보다 일찍 대규모의 홈리스 문제에 시달리고 있던 일본의 사례는 한국의 노숙인 정책과 연구에서 중요한 준거였다.

이런 맥락에서 우리는 『한국의 노숙인』의 후속 연구로 일본과의 비교 연구를 구상하였다. 그것은 동아시아의 빈곤과 빈민에 관한 연구의 일환이자 동시에 한국의 노숙인 문제를 좀 더 객관화시킬 수 있는 방법론적 수단이었다. 노숙인이나 홈리스 문제는 날로 치열해지는 경쟁에 노출되어 있는 자본주의 사회의 보편적인 현상이지만,

그것이 드러나는 모습과 그에 대한 대응은 각국의 경제정책뿐만 아니라 사회적·문화적 배경에 따라 다르다. 이런 점에서 한국의 노숙인 연구는 국제적 비교 연구의 맥락에 놓여야 하고, 그것의 출발은 유사성이 높은 일본과의 비교 연구가 될 수 있다.

이러한 공통의 문제의식을 구체화할 수 있었던 계기는 2010년 서울대학교 아시아연구소의 '아시아기초연구사업'의 지원이었다. 우리 연구팀은 서울대학교 교수와 대학원생으로 구성되었고, 「한국과 일본의 노숙인 문제 비교 연구」라는 제목 아래 다섯 가지 세부 주제를 잡아 연구를 시작하였다. 1차년도에는 일본의 홈리스 관련 문헌 자료를 수집, 정리하면서 비교의 틀을 모색하였고, 2차년도에는 일본의 오사카시를 비교 연구 지역으로 선정해 답사를 수행하였다.

오사카시는 '가마가사키(釜ケ崎)'로 불리는 일본 최대 규모의 요세바(寄せ場)가 자리한 곳으로, 상당수의 도시홈리스가 밀집해 있고 그에 따라 여러 지원기구가 다양한 활동을 하는 현장이다. 2012년 2월 하순에 진행된 답사에서 우리는 〈가마가사키 지원기구(釜ケ崎支援機構)〉의 안내로 가마가사키 지구를 둘러보고, 여러 활동가와 만나 의견을 교환하였다. 이를 통하여 일용노동자들이 일자리를 구하는 현장, 주변 거리, 일용노동자들 및 홈리스의 거주지 등을 살펴볼 수 있었다. 다음으로 〈오사카시립갱생상담소(大阪市立更生相談所)〉, 〈자립지원센터(自立支援センター)〉 및 생활보호시설(生活保護施設) 등을 방문하여 현장 실무자들로부터 지원기구의 역할과 활동에 대해 배울 수 있었다.

마지막으로 오사카시립대학 도시연구플라자 전홍규 교수의 소개로 지난 20년간 이 문제에 천착해 온 미즈우치 토시오(水内俊雄) 교수 및 관계자들로부터 오사카 도심 전반의 빈곤상황과 홈리스 실태 조사결과에 관한 설명을 듣고 연구팀의 문제의식을 가다듬을 수 있었다. 이 책은 이러한 연구 과정의 결과물이다. 많이 부족하지만, 동아시아 홈리스 비교 연구의 출발점이 될 수 있으리라 본다.

일본답사현장에서 도움을 주신 가마가사키 지구 여러 단체의 실무자들과 전홍규 교수, 미즈우치 토시오 교수를 비롯한 오사카시립대학 도시연구플라자의 여러 연구원께 감사드린다. 연구비를 지원해주고 그 결과물을 아시아연구소총서 기초연구시리즈로 출판할 수 있게 도와주신 서울대학교 아시아연구소 관계자 여러분께도 감사드린다. 출판 준비단계에서는 익명의 심사자 세 분께서 귀중한 조언을 주셨다. 마지막으로 출판을 맡아주신 서울대학교출판문화원과 편집을 맡아주신 정성숙 전문위원께도 감사의 말씀을 전한다.

2014년 8월 1일

저자 일동

차례

책머리에 v

제1장 서론 1

제2장 노숙 규모와 실태, 발생 원인 13

1. 머리말 14
2. 노숙 규모와 실태 15
3. 노숙 발생 원인에 관한 이론적 논의 23
4. 노숙 발생 원인에 관한 분석 28
5. 맺음말 45

제3장 노숙인의 건강과 보건의료 53

1. 머리말 54
2. 노숙인의 건강비교 56
3. 노숙인의 보건의료 — 미충족 필요 60
4. 체계의 유사성과 그 기원 62
5. 맺음말 68

제4장 노숙인 지원의 교육적 접근 — 민간단체 활동 비교 73

1. 머리말: 노숙인 지원의 교육적 접근 74
2. 비교 연구의 사례와 방법 78
3. 노숙인 대상 비형식 교육지원활동 84
4. 노숙인 대상 무형식 교육지원활동 92
5. 실무지 대상 교육지원활동 96
6. 맺음말: 노숙인 교육지원활동 특성 및 제언 103

제5장 민간단체를 통해서 본 노숙인 지원 제도의 특성 비교 115

1. 머리말 116
2. 선행연구에 대한 검토 118
3. 노숙인 지원 제도 120
4. 노숙인 지원 민간단체의 성격 비교 133
5. 맺음말 146

제6장 노숙인 지원에 관한 법률 비교—법 제정의 맥락, 내용, 쟁점을 중심으로 153

1. 머리말 154
2. 연구의 시각과 자료 157
3. 법 제정의 맥락 159
4. 법률의 주요 내용과 쟁점 173
5. 맺음말 192

부록 한국과 일본의 노숙인 관련 법률 전문

[한국] 노숙인 등의 복지 및 자립지원에 관한 법률 199
[일본] 홈리스의 자립지원 등에 관한 특별조치법 208

찾아보기 213

집필자 소개(가나다순) 217
발간사 221

제1장 서론

구인회

서구 국가들에서는 1980년대부터 노숙이 사회문제로 등장하였고, 다수의 나라에서 현재까지 지속하고 있다. 특히 미국이 서구 국가 중 가장 높은 노숙 발생을 보이고 있으며, 최근 개선 양상을 보이지만 영국도 노숙 문제가 심각한 경우로 꼽힌다. 이에 비해 대륙과 북구의 유럽 국가들은 대체로 노숙 발생이 낮은 수준을 보이고, 북구 국가들은 특히 그러하다(Benjaminsen & Dyb, 2008; Shinn, 2010). 한국이나 일본과 같은 동아시아 국가들에서 노숙은 비교적 최근의 현상으로 1990년대 이후에 본격적으로 등장하였다. 일본에서는 버블경기가 붕괴된 1990년대 초부터 대도시 거리에 노숙인들이 등장하면서, 그리고 한국에서는 1997년 외환위기 시기의 대량 실업사태 속에서 노숙인 문제가 주목을 받게 되었다. 이렇게 양국에서 노숙 문제가 본격화된 지 15~20년의 세월이 지났지만, 아직 노숙 문제에 대한 마땅한 대응이 이루어지지 못하고 있다.

한국과 일본 양국에서 노숙 문제가 심화되면서 관련 연구도 진전되었다. 이들 대다수의 기존 연구는 한국과 일본, 각국의 노숙 관련 쟁점을 국내적인 시각에서 분석하였다. 한국의 경우 노숙인의 생활양식과 경험, 노숙인의 사회적 관계를 규명하는 연구들이 진행되었고(원정숙, 2001; 김유경, 2005; 김진미, 2005; 김진미·서정화, 2006; 신승배,

2011), 노숙의 지속 기간을 살펴본 연구가 있으며(윤일성, 2000; 김종천·김은주·오수정, 2003), 노숙인의 정체성이나 심리사회적 특성, 정신건강 등에 대한 연구가 이루어지고 있다(신원우, 2009; 신지숙·백주희, 2010; 한영란·윤희상·최애숙, 2011). 또 노숙 발생의 원인을 진단하는 연구들이 꾸준히 지속되고 있으며(김수현, 1998; 2001; 남기철, 1998; 정원오·김수현, 1999; 한국도시연구소, 1999; 서정화, 2005; 현시웅·최희경, 2008; 신명호, 2011; 구인회·김소영, 2012), 노숙인 지원 정책과 서비스에 대해 많은 연구가 이루어졌다(노대명, 2004; 남기철, 2009; 신원우·황운성·김유경, 2009).

이러한 국내적 시각의 연구들은 노숙실태를 이해하고 대응책의 문제점을 파악하는 데에 많은 기여를 하였다. 하지만 이렇게 한 국가의 틀 내에서 진행된 연구들은 해당 사회의 가치와 규범, 인식이나 국가의 제도적·정책적 환경의 문제를 경시하고 노숙을 주로 당사자의 개인적·가족적 특성 문제로 설명하려는 경향을 보이기 쉽다. 국내적 시각에 선 연구들의 이러한 한계를 벗어나 노숙 문제를 다양한 사회의 문화와 제도, 정책들과의 관련 속에서 이해하기 위해서는 국가 간 비교의 시각에서 접근하는 연구가 유용하다. 본 연구서는 이러한 기존 연구의 문제를 보완하기 위해 국가 간 비교의 시각에서 노숙 문제를 분석한다. 특히 서구와 다른 동아시아적 특성을 공유하고 있는 한국과 일본을 비교 분석하여 양국 사이에 나타나는 노숙 문제의 공통성과 차이점을 밝힌다.

일반적으로 비교 연구의 방법은 다수 표본을 대상으로 통계적 분석을 행하는 연구방법과 소수 표본을 대상으로 분석을 행하는 방법으로 나눌 수 있다. 분석 대상이 되는 주요 변수의 측정이 용이하여 다수 국가를 대상으로 표준화된 방법으로 수집된 자료가 존재하는 경우에는 결합 횡단 회귀분석(pooled cross-section regression anaysis) 등의 통계적 방법이 사용되고, 변수의 표준화된 측정이 용이하지 않고 국가 간의 비교 가능한 자료 수집이 어려운 경우에는 비교 역사분석(comparative historical analysis) 방법이 사용되곤 한다(Mahoney & Rueschemeyer, 2003). 그런데 노숙 문제는 노숙의 정의가 사회마다 차이가 나고 노숙의 측정 또한 매우 어려워 국가 간 표준화된 자료의 확보가 어려운 예에 속한다. 따라서 서구의 경우에도 노숙 문제의 국가 간 비교에는 비교가 용이한 소수 사례를 중심으로 비교 분석하는 방법이 사용되었다. 예를 들어 Benjaminsen & Dyb(2008)는 유사성이 높은 북구 3국, 덴마크, 노르웨이, 스웨덴에 관한 비교 분석을 하였고, Okamoto(2007)는 영국과 일본을 대상으로 노숙 비교를 하였다. 이러한 문제의식에서 본 연구에서도 저자들이 보다 상세한 지식을 가지고 있고, 연구 접근성도 높은 한국과 일본의 두 가지 사례를 심층 분석하는 방법을 택하였다.

그간 한일 양국에서 진행된 노숙 문제에 대한 비교 연구는 좀처럼 찾아보기가 어렵다. 한국의 경우 일부라도 관련이 있는 연구를 보면 그중에서 일본 노숙인 문제와 정책을 한국에 소개하는 연구(카사이,[1] 1995; 코다마, 2003a, 2003b, 2004; 전홍규, 2004)가 다수이고, 한국과 일본의 노숙 문제를 비교한 연구는 매우 소수이다(윤일성, 2002; 김수현, 2010). 비교적 최근인 2010년 '한국과 일본의 홈리스 복지정책 경험 비교'라는 국제세미나가 있었으나, 여기서 발표된 논문들은 한일 간 비교 분석을 시도한 연구라기보다 주로 양국의 학자들이 자기 나라의 노숙인 문제를 소개한 성격이 강하다.

한국의 학자들에 의한 양국 비교 연구 가운데에서 윤일성(2002)은 한국인과 일본인이 각기 노숙인을 바라보는 인식 및 태도에서 현

1 일본 저자를 한글로 표기한 것은 인용 글이 한국어로 번역된 자료이기 때문이다. 이후 이러한 경우 일본 이름을 한글로 표기하도록 한다.

격한 차이가 있음을 보여주는 최초의 한일 비교 연구를 시도하였다. 그는 부산과 후쿠오카의 시민에 대한 설문조사 결과분석을 통해, 한국인은 노숙의 원인이 사회구조에 있다고 보고 노숙인을 비교적 긍정적으로 대하는 데 비해 일본인은 당사자 개인에게 원인이 있다고 보기 때문에 부정적 태도를 지닌다는 것을 보여주었다. 김수현(2010)은 한일 간의 노숙인 비교 분석을 통해 복지체제 후진성에 의한 '아시아형 노숙인'의 존재를 주장하고 있다. 한국과 일본의 노숙 현상과 서구와의 차이에 초점을 맞추었고, 한일 양국에서 서구에 비해 고령 노숙인의 비중이 높은 점에 주목하였다. 그리고 이러한 양상은 고유한 사회문화적 특성이기보다는 지체된 복지를 반영한 것이라 분석하였다.

본 연구는 이들 기존 연구의 성과를 토대로 한국과 일본 노숙 문제의 비교 연구를 진전시켜 양국 노숙 문제의 공통점과 차이점에 대한 이해를 넓히는 데에 기여하고자 한다. 특히 양국 사회에서 노숙 문제에 대해 보인 대응이 어떠한 특성을 나타내는지를 분석하는 데에 초점을 맞추었다. 하지만 단독 연구자들에 의한 기존 연구와는 달리 본 연구는 다양한 사회과학 분야의 연구자들이 자기 분야의 시각과 문제의식으로 노숙 문제를 조명하는 특성이 있다. 사회학, 사회복지학, 교육학, 보건학 등 전공분야의 관심사에 따라 노숙과 관련된 법과 제도, 정책, 교육활동, 건강과 보건의료의 연구주제를 선택하고 분석을 진행하였다.

본 연구의 내용에 대한 본격적인 소개에 들어가기에 앞서 노숙에 대한 기본적인 개념과 용어 사용에 대해 정리할 필요가 있다. 노숙 개념이 다르게 사용되는 경우가 빈번하여 혼선이 발생하는 경우가 많기 때문이다. 노숙을 정의할 때 거리노숙과 쉼터 같은 임시 노숙시설에 거주하는 경우와 같은 '문자 그대로의 노숙(literal homelessness)'으로 좁게 의미하는 경우가 있다. 그리고 임시로 친지에 얹혀사는 경우나 매우 불안정한 거주상태에 있어 '노숙의 위험이 큰 불안정 주거에 거주하는(precariously housed)' 상태를 노숙의 범위에 포함하는 경우도 있다. 더 나아가서 주거의 질에 대한 고려까지 포함하여 '부적절한 주거에 거주하는 상태(inadequate housing)'를 노숙에 포함하는 광범위한 정의가 사용되기도 한다. 한국과 일본에서는 서구와 비교해 노숙의 개념을 매우 좁은 범위로 사용한다. 특히 양국의 정부가 사용하는 노숙의 개념은 '문자 그대로의 노숙'으로 한정(한국의 경우)되거나 더욱 좁게 거리노숙만을 포함(일본의 경우)하는 경향이 강하다. 이렇게 노숙을 좁게 보는 정의는 양국 정부가 사회와 국가가 보장해야 할 시민권에 대해 매우 협소하게 인식하고 있음을 반영하는 것으로 보인다.

노숙인을 지칭하는 용어 사용에서도 혼선이 존재한다. 한국에서는 노숙인이 가장 일반적으로 사용되어 왔으나 노숙인이라는 용어와 함께 부랑인의 개념이 여전히 사용되고 있다. 이러한 용어 사용상의 혼선은 2011년 제정된 노숙인복지법에서 '노숙인 등'이라는 모호한 용어가 사용되는 것으로도 표출되었다(부랑인과 노숙인의 구분과 관련된 논의에 대해서는 2장 구인회·김소영·유야마 아쓰시의 글과 6장 정근식·이상직의 글을 참조하라). 일본에서는 홈리스라는 용어가 빈번하게 사용되어 왔다. 2002년 제정된 홈리스특별법에서도 '홈리스'라는 용어를 사용하였다. 본 연구에서는 노숙인을 한국과 일본을 모두 포함하여 가장 일반적인 용어로 사용하되 일본의 노숙인과 관련 제도를 논의하는 경우에는 홈리스를 사용하기도 하였다.

본 연구는 한국과 일본 양국의 노숙 실태를 검토하고, 양국에서 이루어진 노숙 문제의 대응에 대해 비교 분석하는 내용을 담고 있다.

먼저, 노숙 실태와 관련해서는 노숙인의 규모와 특성을 주로 검토한다. 서구의 경우 미국은 노숙인의 규모가 크고 젊은 엄마와 어린 아동으로 이루어진 노숙인 가족이나 20대 전반까지의 연령대로 이루어진 청년 노숙인 등이 많이 발견되는 특성이 있다. 이에 비해 유럽 국가들은 복지정책 등의 발전으로 미국에 비해 노숙인 규모가 작은 편이고, 주로 50대 이전의 청장년층 남성이 상당수를 차지하고 있다(Toro et al., 2007). 자료의 제약으로 한국과 일본의 노숙인 규모를 서구와 직접 비교하기는 어렵다. 양국을 비교할 경우 노숙인의 규모, 특히 거리노숙인의 규모는 일본이 큰 것으로 알려져 있다. 반면에 한국은 시설수용 노숙인의 규모가 크다. 양국의 노숙인은 중고령의 단신 성인 노숙인이 그 절대다수를 차지한다는 점에서 서구 국가들과 큰 차이를 보인다. 특히 일본에서는 노숙인이 더욱 고령화되어 있는 것으로 알려져 있다.

2장의 구인회·김소영·유야마 아쓰시의 글에서는 한국과 일본의 노숙 규모와 추이, 노숙인의 특성을 비교하고 이를 한국과 일본의 복지체제, 주거제도와 정책, 노숙인 정책과 관련지어 설명하였다. 노숙 실태와 관련하여 중요성을 띠는 또 하나의 연구 영역은 노숙인의 건강과 보건의료 실태이다. 건강은 생활상의 어려움을 가장 극명하게 보여주는 지표이고, 노숙 실태의 열악함은 노숙인의 낮은 건강상태, 높은 사망률 등을 통해 알려지기도 한다.

3장의 김창엽의 글에서는 양국의 노숙인 건강 실태를 비교하고, 노숙인과 관련된 보건의료 제도의 특성을 검토하고 있다. 한국과 일본 양국에서 이루어진 노숙 문제에 대한 대응에 대해서도 다양한 분석 과제가 존재한다. 노숙 문제에 대한 한일 양국 사회의 대응을 보면 정부의 개입을 최소화하고, 정부가 관여하는 서비스의 경우에도 그 전달은 대부분 민간기관이 담당하는 공통적인 특성을 띠고 있음을 알 수 있다. 우선, 양국의 정부는 노숙을 거리노숙으로 좁게 정의하는 경향이 강하다. 일본의 경우 홈리스특별법에서 지원대상을 거리노숙인으로 제한하고 있으며, 더욱이 자립의 의사가 있어야 한다는 등의 단서를 더하고 있다. 한국의 경우에는 2011년 제정된 노숙인복지법에서 적절하지 못한 주거에서 생활하는 자를 노숙인에 포함하고는 있으나 대부분 경우 거리노숙인에 시설에서 생활하는 노숙인을 더한 정도로 지원대상을 한정하는 것으로 보인다. 그리고 양국 모두 노숙 문제를 시민권으로서 주거에 대한 권리를 보장하는 차원에서 접근하기보다는 당사자의 자립을 지원함으로써 해결되어야 할 문제로 바라본다.

이렇게 지원대상이 되는 노숙인을 거리노숙인으로 좁게 정하고 지원의 내용도 자립지원으로 제한하는 정부의 태도는 노숙인을 '자격 없는 빈자(undeserving poor)'로 바라보는 양국 사회의 인식을 반영하는 것이다. 한일 양국은 정부의 지원대상이 되는 빈곤층을 노인, 장애인 등의 근로무능력자로 제한하고, 근로능력 있는 빈곤층은 정부지원의 자격을 갖추지 못한 빈자로 규정하여 지원대상에서 제외하는 전통이 강하였다. 이러한 전통은 빈곤층 지원 제도인 한국과 일본의 생활보호제도에서 잘 나타난다. 일본은 1950년 도입 이래 생활보호제도는 근로능력 없는 빈곤층만을 지원대상으로 정하는 규정을 유지하였고, 한국은 1990년대 말 아시아 외환위기로 인한 실직빈곤층의 등장을 계기로 국민기초생활보장제도가 생활보호제도를 대체할 때까지 유사한 규정을 유지하였다. 이러한 빈곤층에 대한 양국 정부의 엄격한 태도는 지난 10여 년 사이 다소 변화를 보였지만, 근로능력 있는 빈곤층에 대한 지원은 여전히 매우 제한적이고 지원의 내용도 자립지원으로 한정되는 경향이 강하다.

이러한 양국 사회의 지배적 인식은 노숙 문제에도 그대로 나타나고 있다. 양국 모두 1990년대 이후에는 과거처럼 부랑인 등 노숙인에 대해 규제일변도로 대응하는 태도는 많이 약화되었으나, 새로이 도입되는 정부지원의 내용은 주거지원 등 생활상 욕구의 충족보다는 교육, 훈련, 일자리 제공 등을 통한 자립지원에 초점을 맞추고 있다. 또 정부가 지원하는 서비스 대부분은 민간기관을 통해 전달이 이루어지고 있다.

4장, 5장, 6장의 글은 이러한 한일 양국의 노숙인 지원 제도와 정책, 관련 민간기관의 실태와 역할, 민간기관의 활동 내용을 검토하고 공통점과 차이점을 분석하고 있다.

4장의 강대중·박지숙·김의태의 글에서는 한일 양국에서 노숙인 지원 단체를 통해 이루어지는 교육지원활동을 폭넓게 검토하고, 양국 활동에서 나타나는 차이점 등 사례분석을 통해 비교하고 있다. 한국에서는 노숙인 대상의 교육프로그램이 주로 강조되는 반면에 일본에서는 지원 단체 실무자를 대상으로 하는 교육프로그램이 발전하고 있는 특징을 보여주고 있다.

5장의 신명호·유야마 아쓰시의 글에서는 양국의 노숙인 지원 제도를 소개하고 그 속에서 활동하는 민간단체의 실태를 보고하고 그 특성을 분석하고 있다. 한국은 역사적으로 사회복지서비스 지원체계가 사회복지법인이나 종교법인 등의 민간기관이 운영하는 시설중심으로 발전하였는데, 노숙인 지원체계 또한 이러한 특성이 유지되고 있음이 확인되었다. 이에 비해 일본은 1990년대 이후 활성화된 시민단체의 비영리법인들이 노숙인 지원에서 중추적 역할을 하고 있다.

마지막으로 6장의 정근식·이상직의 글에서는 한국의 노숙인복지법과 일본의 홈리스특별법의 제정 과정과 주요 내용을 분석하고 있다. 이러한 분석을 통해 양국 사회의 노숙 문제에 대한 인식과 태도, 민간기관의 활동방식과 그 특성 등이 어우러져 나타나는 양상을 확인할 수 있다.

참고문헌

구인회·김소영(2012). 「노숙 진입의 원인과 과정」, 『한국사회학』 46(4): 264-293.

김수현(1998). 「노숙자 대책의 문제점과 방향」, 『도시와 빈곤』 32: 19-27.

김수현(2001). 『서울시 홈리스 여성 실태와 대책』, 서울시정개발연구원.

김수현(2010). 「한국과 일본의 노숙인 비교-고령 노숙인이 많은 이유에 대한 시론」, 『서울도시연구』 11(1): 139-159.

김유경(2005). 「상실의 관점에서 본 노숙인 문제: 집을 잃고 거리에서 생활한다는 것의 의미는 무엇인가?」, 『아세아연구』 48(2): 151-179.

김종천·김은주·오수정(2003). 「노숙자에 대한 사회적 지원이 노숙기간에 미치는 영향」, 『대한보건협회학술지』 29(1): 89-100.

김진미(2005). 「거리노숙 진입과 탈노숙의 장벽」, 『아세아연구』 48(2): 87-115.

김진미·서정화(2006). 「거리노숙인의 유대 형성에 대한 문화기술지」, 『한국사회복지학』 58(3): 51-79.

남기철(1998). 「노숙자 문제의 현황과 시각」, 『동향과 전망』 39: 52-73.

남기철(2009). 「노숙인 주거지원 프로그램과 효과」, 『한국사회정책』 15(2): 217-250.

노대명(2004). 「노숙자 지원정책에 대한 비판적 검토-취업노숙자에 대한 주거지원을 중심으로」, 『아세아연구』 47(1): 87-113.

서정화(2005). 「여성노숙인의 존재와 삶」, 『아세아연구』 48(2): 59-85.

신명호(2011). 「노숙발생 원인에 관한 연구 — 한국 남성노숙자의 사례를 중심으로」, 『도시와 빈곤』 90: 13-44.

신승배(2011). 「홈리스의 생활양식과 자아정체성에 관한 연구」, 『공공사회연구』 1(2): 175-210.

신원우(2009). 「여성 노숙인의 우울에 영향을 미치는 요인」, 『사회과학연구』 25(2):

55-78.
신원우·황운성·김유경(2009). 「여성노숙인의 자립 준비도에 영향을 미치는 요인」, 『서울도시연구』 10(1): 223-246.
신지숙·백주희(2010). 「자아존중감과 사회적 지지가 중, 노년 남성노숙인의 우울에 미치는 영향」, 『한국노년학』 30(4): 1393-1407.
원정숙(2001). 「쉼터노숙자와 무거주노숙자의 가족지지, 자존심 및 삶의 만족도에 관한 연구」, 『정신간호학회지』 10(1): 12-30.
윤일성(2000). 「노숙자 연구」, 『한국사회학』 34: 417-444.
윤일성(2002). 「노숙자에 대한 인식의 차이: 한국과 일본 비교」, 『한국민족문화』 19·20: 311-332.
전홍규(2004). 「일본의 홈리스 거주지원과 민간의 역할」, 『도시와 빈곤』 66: 47-79.
정원오·김수현(1999). 「한국의 노숙원인에 대한 연구」, 『서울시정연구』 7(1): 69-90.
카사이 카즈아키(1995). 「소위 말하는 '홈리스 문제'란?: 토쿄·신주쿠에서의 발신」, 김수현 옮김, 「일본 홈리스 문제의 이해」, 『도시와 빈곤』 18: 64-76.
코다마 토오루(2003a). 「홈리스문제 무엇을 묻고 있는가?」, 전홍규 옮김, 「일본의 홈리스문제와 거주지원」, 『도시와 빈곤』 64: 93-114.
코다마 토오루(2003b). 「홈리스문제 무엇을 묻고 있는가?」, 김선미·전홍규 옮김, 「일본의 홈리스문제와 거주지원 2」, 『도시와 빈곤』 65: 152-175.
코다마 토오루(2004). 「홈리스문제 무엇을 묻고 있는가?」, 김선미·전홍규 옮김, 「일본의 홈리스문제와 거주지원 3」, 『도시와 빈곤』 66: 125-142.
한국도시연구소(1999). 『쪽방지역 실태조사 및 효율적인 정책개발』, 보건복지부·서울특별시 용역보고서.
한영란·윤희상·최애숙(2011). 「노숙인 쉼터 거주 노인의 우울 관련 요인」, 『한국보건간호학회지』 25(2): 289-301.
현시웅·최희경(2008). 「노숙인의 발생 원인별 유형화와 정책대안」, 『한국행정논집』 20(4): 1153-1180.

Benjaminsen, L. & Dyb, E.(2008). "The Effectiveness of Homeless Policies-Variations among the Scandinavian Countries," *European Journal of Homelessness* 2: 45-67.
Mahoney, J. & Rueschemeyer, D.(2003). "Comparative Historical Analysis: Achievements and Agendas," in Mahoney, J. & Rueschemeyer, D.(eds.), *Comparative Historical*

Analysis in the Social Sciences. Cambridge: Cambridge University Press, pp. 3-38.

Okamoto, Y.(2007). "A Comparative Study of Homelessness in the United Kingdom and Japan," *Journal of Social Issues* 63(3): 525-542.

Shinn, M.(2010). "Homelessness, Poverty, & Social Exclusion in the United States and Europe," *European Journal of Homelessness* 4: 19-44.

Toro, P. A., Tompsett, C. J., Lombardo, S., Philippot, P., Nachtergael, H., Galand, B., & Schlienz, N.(2007). "Homelessness in Europe and the United States: A comparision of Prevelence and public opinion," *Journal of Social Issues* 63(3): 505-524.

제2장

노숙 규모와 실태, 발생 원인*

구인회 · 김소영 · 유야마 아쓰시

1. 머리말

한국에서 노숙인 문제가 본격적으로 등장한 지 벌써 15년이 넘는 세월이 지났다. 1997년 외환위기 이후 대거 등장한 노숙인의 모습은 우리 사회에 커다란 충격을 주었다. 많은 사람은 이러한 외환위기의 진정과 함께 노숙 문제가 사라질 것으로 보았지만, 지금까지도 문제는 지속되고 있다. 이웃 일본에서도 1990년대 초반부터 노숙 문제가 심각한 양상으로 진행되었고, 일본 정부는 별도의 입법을 통해 대책을 추진하였지만, 현재까지 노숙 문제는 미해결의 과제로 남아 있다.

이렇게 비슷한 시기에 발생한 한국과 일본의 노숙 문제는 서구와 다른 특징을 보인다. 우선 서구의 노숙인들이 비교적 젊은 층으로 구성된 것과는 달리 한국과 일본의 노숙인 중에는 중고령자의 비율이 높다. 특히 일본 노숙인은 한국 노숙인에 비해서도 평균 연령이 10세 정도 높아 고령자가 다수를 차지하는 특성을 보인다(김수현, 2010). 한편 노숙 문제 양상에서 한국과 일본 사이에서 일정한 차이가 보이기도 한다. 한국에서는 지금까지 거리노숙인 문제가 악화추세를

* 이 글은 구인회·김소영·유야마 아쓰시(2012)를 수정 보완한 것임.

보이고 있지만, 일본은 2000년대 들어 거리노숙인이 줄어드는 변화를 보이고 있다.

본 연구에서는 이러한 한국과 일본의 노숙 문제의 특성을 비교 분석하고, 양국에서 그러한 특성이 나타나게 된 제도적·정책적 요인을 밝히고자 한다. 국내의 관련된 선행연구는 찾아보기가 어렵다. 본 연구와 유사한 문제의식을 느끼고 김수현(2010)은 한국과 일본의 노숙인 현황과 대책을 비교하여 서구와는 다른 아시아형 노숙의 특징을 찾고자 하였다. 이 연구는 고령 노숙인이 다수를 차지하는 한·일 노숙인 문제의 특성에 주목하고, 이를 미흡한 공적연금제도 등의 제도적 요인으로 설명하는 시도를 하였다. 본 연구는 김수현(2010)을 따라 양국의 노숙인 문제를 제도적 특성과 관련지어 설명하고자 한다. 특히 제도적 특성을 복지제도와 주거정책, 노숙인정책의 세 가지로 나누어 분석하고, 양국 노숙 문제의 공통점과 차이를 이들 요인과 관련지어 설명하고자 한다. 한국과 일본에서 나타난 노숙 문제에서 서구와는 다른 동아시아적 특성이 발견되는지 동아시아적 특성의 근원은 어디에 있는지를 살펴본다. 그리고 한국과 일본 양국 사이에서 나타난 차이와 그 원인을 분석한다.

2. 노숙 규모와 실태

한국과 일본의 노숙 문제 양상을 구체적으로 파악하기 위해서는 우선 양국의 노숙인 규모와 그 시간적 추이를 보는 것이 유용하다. 한국에서 노숙인에 대한 정부의 집계는 2000년 이후에 시작되었다. 정부는 노숙인을 거리노숙인과 시설노숙인 두 가지 범주로 분류하여 노숙인 규모를 조사 발표해 왔다. 정부는 이 두 범주의 노숙인과 별도로 부랑인의 규모를 집계해 왔다. 정부 자료상으로 부랑인은 1970년대부터 존재하였고, 정부는 IMF 경제위기 이후 등장한 실직노숙인을 부랑인과 구별하는 입장을 취하였다(부랑인의 유래와 정부 대책, 노숙인과의 구분에 대해서는 이 책 6장 정근식·이상직의 글을 참조하라). 하지만 이들 부랑인은 다른 노숙인과 유사한 특성을 보이는 것으로 알려져 있다(남기철, 2003). 〈표 2-1〉에 제시된 결과에 따르면 부랑인을 제외한 노숙인은 2000년 이후 2010년까지 4,500~5,000명 수준을 유지하여 큰 변화가 없는 것으로 보인다. 그런데 거리노숙인과 시설노숙인을 나누어 살펴보면 중요한 변화가 발견된다.

〈표 2-1〉 한국의 노숙인 규모(전국) (단위: 명)

연도	누계	노숙인 수			부랑인 수 (부랑인 시설)
		총계	거리노숙인	시설노숙인	
2000	16,353	5,046	445	4,601	11,307
2001	15,971	4,838	517	4,321	11,133
2002	14,901	4,439	670	3,569	10,462
2003	14,570	4,540	928	3,612	10,003
2004	15,399	4,466	969	3,497	10,933
2005	15,684	4,722	959	3,763	10,962
2006	15,278	4,856	1,293	3,563	10,422
2007	14,443	4,544	1,181	3,363	9,899
2008	14,242	4,796	1,317	3,479	9,446
2009	13,998	4,664	1,260	3,404	9,334
2010	14,001	4,667	1,197	3,470	-

자료: 노숙인 수는 2000~2006년 이태진·노대명·남기철·정원호·주영수·김선미·우선희(2007), 2007~2010년 보건복지부(2010b); 부랑인 수는 보건복지부 통계자료임(http://stat.mw.go.kr).

2000년 445명이던 거리노숙인이 2010년에는 1,200명가량으로 많이 증가하였다. 반면에 노숙인시설 수용자는 2000년 4,601명에서 2002년 3,500명대로 줄어들었고, 그 이후로는 미세한 변화만을 보였다. 부랑인 시설의 수용자는 지속해서 감소하여 2000년 11,307명에서 2009년 9,334명으로 2,000명가량 줄었다. 전체적으로 보면, 이러한 결과는 부랑인 시설 수용자 규모는 줄면서 부랑인과 노숙인을 포함한 전체 노숙인 규모는 감소세를 보이지만, 거리노숙인 규모는 증가하고 있음을 보여준다.

〈표 2-2〉 일본의 노숙인 규모(전국) (단위: 명)

연도	누계	노숙인 수			부랑인 수		
		총계	거리 노숙인	시설 노숙인	총계	구호시설	갱생시설
2000	-	-	-	-	18,741	16,851	1,890
2001	-	-	-	-	18,822	16,789	2,033
2002	-	-	-	-	18,647	16,911	1,736
2003	45,548	26,822	25,296	1,526	18,726	16,957	1,769
2004	-	-	-	1,807	18,839	16,940	1,899
2005	-	-	-	2,060	18,795	16,969	1,826
2006	-	-	-	2,025	18,622	17,018	1,604
2007	-	-	18,564	-	18,888	17,307	1,581
2008	-	-	16,018	-	18,933	17,317	1,616
2009	-	-	15,759	-	19,011	17,263	1,748
2010	33,990	15,158	13,124	2,034	18,832	17,375	1,457
2011	31,323	12,848	10,890	1,958	18,475	16,824	1,651

자료: 厚生労働省(2006); 厚生労働省(2008); 厚生労働省(2012a); 厚生労働省(2012c); 厚生労働省(2012d). 시설노숙인 수는 홈리스자립지원센터의 정원으로 추정.

일본에서는 2003년부터 주로 거리노숙인을 대상으로 정부의 실태조사가 이루어졌다(표 2-2). 그 조사결과에 따르면 2003년에 25,296명이었던 일본 거리노숙인 인구는 2011년 10,890명으로 크게 줄었고, 2012년에는 다시 9,000명대로 크게 줄었다. 일본의 시설노숙인 규모는 한국의 노숙인시설에 해당되는 홈리스자립지원센터의 정원으로 추정할 수 있다. 2003년부터 설립된 홈리스자립지원센터의 정원은 1,526명이었는데 2011년 1,958명이 되었다(厚生労働省, 2012c). 일본의 부랑인 규모는 한국의 부랑인 시설에 해당되는 일본 시설의 정원으로 추정할 수 있다. 이러한 일본의 시설로서는 생활보호법에 근거한 구호시설과 갱생시설을 들 수 있다(水内, 2012: 63-65). 구호시설의 정원은 2000년 16,851명에서 2011년 16,824명으로 비슷한 수준으로 유지되었고, 갱생시설의 정원은 2000년 1,890명에서 1,651명으로 약간 줄어 전체 부랑인 규모는 2000년 18,741명에서 2011년 18,475명으로 큰 변화를 보이지 않았다(厚生労働省, 2010a).

노숙인과 부랑인을 합하여 2000년대 이후 한일 양국의 노숙인 규모 추이를 요약하면 우선 전체 노숙인 규모는 한국이 2000년 16,000명대에서 2010년 14,000명으로 다소 감소했음과 비교하면 일본은 2003년 45,000명대에서 2010년 34,000명으로 크게 줄었음을 알 수 있다. 일본의 인구가 한국의 2.6배 수준임을 고려하면 한국과 일본의 노숙인 규모는 유사한 정도를 보인다고 할 수 있지만, 일본이 큰 감소추세를 나타내는 것이 주목된다. 이 중 시설수용자(시설노숙인과 부랑인 합계)는 일본의 경우 큰 변화 없이 2010년 현재 21,000명가량을 유지하고 있으나 한국은 꾸준한 감소세 속에서도 2009년 현재 13,000명가량이어서, 한국의 시설수용자 규모가 일본에 비해 훨씬 큼을 알 수 있다. 반대로 거리노숙인에 초점을 맞추어 살펴보면 2010년 한국의 거리노숙인 규모는 1,200명 정도임에 비해 일본은 13,000명대로 나타나서, 인구 규모 차이를 감안하더라도 일본의 거리노숙인 규모가 훨씬 크다는 점을 알 수 있다.

이와 함께 주목되는 점은 2000년대 이후 일본의 전체 노숙인 규모 감소가 거리노숙인 규모의 대폭 감소로 인해 나타났다는 것이다. 〈그림 2-1〉은 1997년 이후 양국의 거리노숙인 규모 추이를 비교하고 있다. 2003년 이전에는 일본정부의 전국적인 실태조사 자료는 없지만, 도쿄나 오사카 등 몇몇 지자체의 노숙인 조사 결과가 있어 이를 통해 대략적인 추세를 짐작할 수 있다.

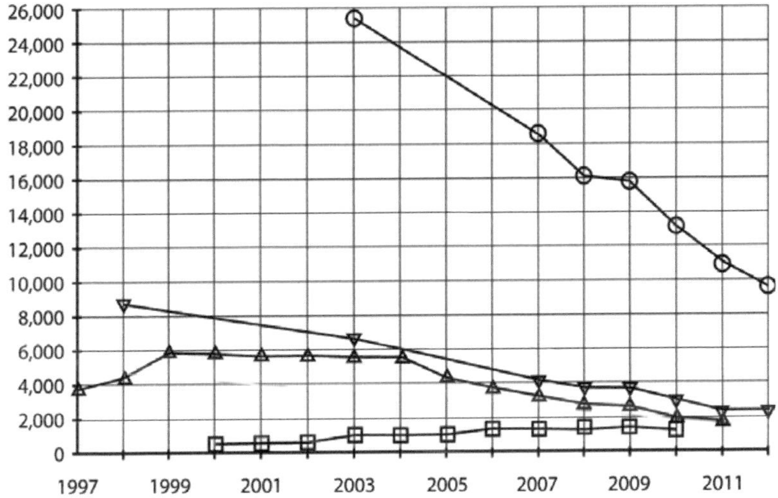

자료: 東京都(2012); 보건복지부(2010b); 大阪市(2009); 이태진 외(2007); 厚生労働省(2012a). □는 한국, ○는 일본 전국, △는 도쿄 23구, ▽은 오사카시의 거리노숙인 수치를 나타냄.

〈그림 2-1〉 거리노숙인 수 추이

도쿄의 경우 거리노숙인은 1996년 3,500여 명에서 1999년 5,800명 가량으로 빠르게 증가하였다가 그 이후는 감소추세를 보이고, 특히 2004년 이후 빠른 감소세를 보인다. 오사카에서도 1990년대 말부터 뚜렷한 감소추세가 확인된다. 선행연구와 이러한 조사결과를 종합하면 일본의 거리노숙인은 1990년대 초부터 늘기 시작하다 1990년대 중반을 지나면서 급격한 증가추세를 보였고, 2000년경부터는 감소추세로 바뀐 후 2003년경 이후로 급격할 감소세가 진행되었음을 알 수 있다(岩田, 1999: 7; 2007: 100, 101). 이러한 일본의 거리노숙인 감소세에 반해 한국에서는 거리노숙인의 규모가 꾸준한 증가세를 나타내고 있다.

그렇다면 한국과 일본의 노숙인은 어떠한 사람들인가? 일반적으로 노숙인은 노숙인 가족, 청년 노숙인, 단신 성인 노숙인의 세 개의 집단으로 구분된다. 대체로 젊은 엄마와 어린 아동으로 이루어진 노숙인 가족이나 20대 전반까지의 연령대로 이루어진 청년 노숙인은 주로 미국에서 발견되고 유럽 등지에서는 비교적 드물게 나타난다. 단신 성인 노숙인은 주로 50대 이전의 남성으로서 청장년층이 상당수를 차지하는데, 이들이 서구 국가에서 발견되는 노숙인의 대다수를 차지한다(Toro, 2007). 한국과 일본의 경우 노숙인 가족이 드물고 단신 성인 노숙인이 절대다수를 차지한다는 점에서 미국과 다르고 다른 서구 국가들과 유사하다. 그런데 한국과 일본에서는 노숙인 중에 단신 성인 노숙인이 차지하는 비중이 압도적으로 크고 이들은 주로 중고령 남성으로 이루어져 있다.

서구 국가들과 동아시아 한일 양국의 노숙인 구성 특성의 차이는 연령 구성의 차이로 요약될 수 있다. 〈표 2-3〉을 보면, 노숙인 가족과 청년 노숙인이 많은 미국의 특성은 2003년 현재 18세 미만의 노숙인이 39%나 된다는 점에서 확인된다(National Law Center on Homelessness and Poverty, 2004). 장년 이하의 단신 성인 노숙인이 다수인 유럽의 특성도 노숙인의 연령구조로 나타난다. 영국은 2000년대 중반 단신 노숙인 중 35세 미만이 50~70%를 차지하고 50대 이상은 20% 정도였다(FEANTSA, 2007). 프랑스에서도 거리나 일시숙박시설에서 밤을 새우는 사람 중 18~30세가 36%, 51세 이상이 16%로 나타났다. 덴마크에서는 주거가 없는 사람 중 30대 이하가 48%였다(Meert, Maurel, Wolf, Nicholas, Maas, Koch-Nielsen, Christensen, & Cabrera, 2003).

〈표 2-3〉 거리노숙인의 연령 분포

연령	한국	일본	서구
20세 미만	0.0%	0.0%	• 미국: 18세 미만 39%, 25~34세 25%, 55~64세 6% • 영국: 35세 미만 50~70%, 50대 이상 20% • 프랑스: 18~30세 36%, 31~50세 48%, 51세 이상 16% • 덴마크: 30세 미만 19.6%, 30대 28.2%, 40세 이상 52.2%
20대 이하	3.7%	0.7%	
30대	10.7%	3.0%	
40대	39.0%	11.8%	
50대	31.7%	29.2%	
60대	11.7%	42.3%	
70세 이상	3.3%	12.9%	
평균연령	47.0세	59.3세	

자료: 한국: 한국도시연구소(2011); 일본: 厚生労働省(2012b); 미국: National Law Center on Homelessness and Poverty(2004); National Coalition for the homeless(2007); 영국: FEANTSA(2007); 프랑스·덴마크: Meert et al.(2003)

한국과 일본에서 나타나는 노숙 양상의 동아시아적 특성은 중고령자가 노숙인의 큰 비중을 차지한다는 점으로 요약된다. 〈표 2-3〉에서 나타나듯이 한국의 거리노숙인의 평균 연령은 47세이다. 20대 이하는 4%에 불과하다. 30대가 11%에 미달하고, 40대가 39%로 가장 많은 비중을 차지하였다. 하지만 50대가 31.7%, 60대 11.7%, 70세 이상도 3.3%로 50대 이상의 비중이 47%에 육박하였다(한국도시연구소, 2011). 한편 상담보호센터를 이용하는 노숙인의 연령은 거리노숙인의 연령보다 약 5세 더 적은 것으로 조사되었다. 반면에 장기 거주시설인 쉼터의 경우 상담보호센터에 비해 60~70대 연령의 노숙인 규모가 큰 것으로 나타났다(노숙인다시서기지원센터, 2009). 일본 거리노숙인의 연령은 한국보다 한층 높아 평균 연령이 59.3세에 이른다. 노숙인 중 20대 이하는 거의 없고 30~40대 장년층의 비율도 15%가 되지 않는다. 반면에 50대 이상은 전체 노숙인의 85%에 육박한다(厚生労働省, 2012b).

지금까지 검토한 한국과 일본의 노숙인 실태는 몇 가지 특징을 갖는 것으로 요약할 수 있다. 첫째, 한국과 일본에서 노숙인은 대다수가 단신 성인 노숙인이고 중고령 남성으로 구성되어 있어 노숙인 가족이나 청년 노숙인이 다수인 미국과 차이가 있으며, 장년층 이하의 젊은 남성 중심의 성인 노숙인이 다수인 유럽과도 구분된다. 둘째, 2000년대 이후 한국과 일본 양국의 거리노숙 규모와 추이에서 차이가 주목된다. 한국은 일본에 비해 시설노숙인이 많고 거리노숙인이 적은 편이나 2000년대 들어 거리노숙인이 빠르게 증가하는 양상을 보였다. 반면에 일본에서는 90년대 급격하게 증가한 거리노숙인이 2000년대 들어 빠르게 감소하는 모습을 보였다. 여기서 첫째 요인은 노숙인 구성상의 특성은 서구와는 구분되는 동아시아적 특성이 반영된 결과일 수 있다. 둘째 요인은 한일 양국에서의 노숙인 정책의 구체적인 양상과 관련된 것으로 보인다.

3. 노숙 발생 원인에 관한 이론적 논의

사회의 구조적·제도적 특성은 노숙 발생을 설명하는 데에서 매우 중요하다. 노숙에 취약한 개인적 특성이 있는 사람들이 특정 사회에 집중되어 나타나는 경우는 드물 것이고, 따라서 여러 사회의 노숙 발생 양상의 차이를 설명할 때에는 개인적 특성 요인보다는 사회의 구조적 특성이 중요하다. 특히 한 사회에서 노숙 발생의 규모와 특성은 그 사회의 빈곤 정도와 저렴주거(affordable housing)의 규모에 직접적으로 영향을 받는다(Quigley, Raphael, & Smolensky, 2001).

한 사회에서 소득불평등이 증가하고 빈곤이 증가할수록 주거비 지출능력이 떨어지는 집단의 규모가 커져 노숙위험이 증가한다(Quigley et al., 2001). 또한 빈곤은 주거비용 지불 능력을 떨어뜨리는 것만이 아니라 노숙위험을 증가시키는 개인적·가족적 특성이 있는 인구집단을 증가시킴으로써 노숙 발생에 영향을 미칠 수 있다. 빈곤은 개인의 정신건강에 부정적 영향을 미치고 약물남용에 취약한 집단을 늘릴 수 있으며, 가족관계의 악화와 사회적 고립을 초래하는 등의 경로를 통해서도 노숙 발생 위험을 증가시킬 수 있다(Fitzpatrick, 2005). 그런데 빈곤의 정도와 양상은 궁극적으로는 사회정책이 시장소득의 빈곤에 어떻게 대응하는가에 따라 결정된다. 빈곤은 실업이나 고용불안정 증가에 따라 늘어나지만, 시장소득의 빈곤이 발생하더라도 사회정책이 제도화된 사회에서는 공적지원으로 빈곤규모는 많이 축소될 수 있다. 반대로 사회정책의 역할이 미미하거나 축소되면 빈곤위험은 증가한다. 실제 미국에서는 1980년대에 실업증가와 공공부조의 삭감으로 빈곤층이 증가하였고, 이러한 빈곤 증가가 노숙 증가와 관련되는 것으로 지적된다. 더 나아가서 사회정책의 양상은 사회구성원 중 어느 인구집단이 소득빈곤의 위험에 처하는지도 영향을 미친다. 사회정책의 발달양상에 따라 아동이나 청년이 높은 빈곤위험에 처하기도 하고 노인이 빈곤에 취약한 집단으로 등장하기도 한다.

이렇게 빈곤의 규모나 특성을 결정하는 사회정책의 양상은 나라마다 상이하지만, 서구 국가는 몇 가지 대표적 유형이 존재한다. 예를 들면 가장 폭넓게 받아들여지는 Esping-Andersen(1990)의 견해에 따르면 영미 국가들의 자유주의 유형, 유럽 대륙의 보수주의 유형, 북구의 사회민주주의 유형이 그것이다. 자유주의 유형에서는 시장주의적 접근이 지배적이어서 사회정책은 자산조사 프로그램 중심으로 빈곤층을 구제하는 데에 제한된다. 사회민주주의 유형에서는 사회권의 원리에 따라 관대한 복지급여가 제공되며, 여성 등 근로계층의 노동시장참여에 대해서도 광범위한 지원이 이루어진다. 유럽의 보수주의 유형에서는 기여와 급여를 연계하는 사회보험을 중심으로 사회정책이 발전하여 관대한 현금급여 중심의 지원이 많은 비중을 차지한다.

한편 Hall & Soskice(2001)에 따르면 사회정책과 노동시장이 일정한 조응관계를 이루며 자유시장경제(liberal market economy)와 조정시장경제(coordinated market economy)의 두 유형이 나타난다. 고용주와 피용자의 고용관계가 단기적이고 경쟁적인 자유주의 국가에서는 시장지향적인 사회정책이 발전하며, 장기적·협력적 고용관계에 의존하는 국가에서는 제도화된 복지국가 프로그램이 발전한다. 단기고용과 분권화된 임금교섭에 의존하는 자유시장경제에서는 사회보호를 발전시키려는 데 관심이 없으며, 자산조사 방식의 낮은 복지급여가 단기적인 고용관계를 강화하는 기능을 한다. 반대로 장기적인 고용관계를 추구하는 조절시장경제에서는 발전된 사회보호가 필수적이어서, 유럽 사회에서는 고용관계의 장기성이 산업 단위에서 보장되고 공공 복지급여가 높은 수준으로 발전하는 양상을 나타낸다. 예를 들어 관대한 실업급여는 근로자들이 산업이나 업종 내에서 직장 사이를 이동하면서 취업할 수 있도록 돕는 역할을 한다. 아울러 산별 단체교섭을 통해 숙련수준에 상응하는 임금 안정을 이룬다(Estevez-Abe, Iversen, & Soskice, 2001). 이러한 점에서 시장 지향적인 영미 계열의 자유시장경제 국가들은 에스핑-안데르센(Esping-Andersen)의 자유주의 복지체제와 유사하다. 또 제도화된 협력을 강조하는 조정시장경제의 유럽 국가들은 에스핑-안데르센이 분류한 유럽대륙의 보수주의 유형과 북구의 사회민주주의 유형을 포괄하는 것으로 볼 수 있다.

그런데 기존 문헌에서 제도적 복지체제를 다루는 경우에는 장기적인 고용관계가 주로 산업적인 범위에서 추구되는 유럽이 주된 대상으로 논의되었지만, 장기적인 고용관계가 기업단위로 추구되는 동아시아의 예도 존재한다. 일본에서는 기업단위의 종신고용제도를 통해 장기적 고용관계를 보장하는 관행이 발전하였고, 한국에서도 이러한 특성이 일부 발견된다(Estevez-Abe et al., 2001). 연공급에 따른 임금결정제도도 이러한 장기적 고용관계를 촉진하는 중요한 기능을 한다. 그리고 퇴직금 등 기업복지가 큰 비중을 차지한다. 대신에 실업급여 등의 공공복지는 매우 낮은 수준으로 발전한다. 이러한 기업기반의 복지체제에서는 장기고용과 연공급, 기업복지의 적용이 정규직을 중심으로 이루어지고 비정규직 등의 취약근로자는 여기에서 제외되어 노동시장 이중화가 나타나는 경향이 있고, 이는 다시 복지체제의 이중화로 이어지기 쉽다.

이러한 복지체제의 유형별로 빈곤 양상은 다르게 나타난다. 영미 계열 국가들로 구성된 자유주의 복지체제에서는 전반적인 고용불안정과 임금불평등이 심각하고 복지제도는 공공부조 중심으로 제한적으로 발전되어 빈곤 및 불평등 수준이 높게 나타난다. 반면에 제도적 복지체제의 유럽 국가들에서는 임금평등 수준도 높고, 보편적 복지급여와 사회보험 등 복지제도가 높은 수준으로 발전하여 전체적인 빈곤과 불평등 수준도 낮게 나타난다. 한국과 일본은 서구와는 다른 기업기반의 복지체제로서 기업복지와 직종별, 기업별로 파편화된 사회보험이 중심적인 역할을 하므로 대기업의 정규직 등은 경제적 안정을 누리지만 여기에서 제외된 중소기업과 비정규직의 취약근로자들은 빈곤위험에 노출된다. 공공부조 등의 지원도 인색하고 특히 근로세대에 대해서는 거의 지원을 하지 않아 자유주의체제 이상으로 빈곤이 증가할 수 있다. 해당 사회에서 이용 가능한 저렴주거의 규모는 노숙 발생에 직접적으로 영향을 미치는 요인으로 노숙 설명에서 빈곤만큼이나 중요하다. 저렴주거의 규모는 주택의 공급량과 가격에 영향을 받는다. 예컨대 임대할 수 있는 여분의 주택이 많거나 주택 공급 가격이 낮은 경우에는 낮은 비용으로 이용할 수 있는 저렴주거의 규모가 커질 것이고, 따라서 저소득층도 노숙위험에 덜 노출될 것이다(Quigley et al., 2001).

여기에서 국가의 주거정책은 저렴주거의 규모와 안정성이 시장에 의해 전적으로 결정되지 않도록 영향을 미쳐 노숙 발생에 차이를 가져온다. 우선, 공공임대주택은 저렴주거의 규모를 변화시켜 노숙 발생에 영향을 미친다. 영국에서 1979년 보수당 집권 이후에 공공임대주택의 축소 정책이 진행되면서 노숙 문제가 증가하였다. 미국의 경우 공공임대주택이 미미한 상황에서 대도시재개발이 진행되면서 1970년대 후반과 1980년대 초반 사이 미국 내 대규모 도시에서 저렴주택이 많이 감소한 것이 노숙 증가에 영향을 미쳤다(Wright, Rubin, & Devine, 1998). 한편, 임대료 지원 같은 주거보조금 지원 정책은 저소득층의 주거비용 지급능력을 시장소득 이상으로 늘려서 노숙위험을 줄인다(Stephens & Fitzpatrick, 2007). 미국에서 임대료 지원 제도는 빈곤층의 노숙 진입을 예방하고 노숙인의 탈노숙을 촉진하며 이들의 주거유지율을 높이는 등 주거취약계층의 장기적인 주거안정을 이루는 효과가 있는 것으로 나타났다(O'Flaherty & Wu, 2006; Wood, Turnham, & Mills, 2008). 동아시아의 한일 양국은 기업단위의 주거복지는 발달한 반면, 국가가 제공하는 공공임대주택의 규모가 미미하고 임대료 지원 제도도 부재하여 노숙증가에 취약한 양상을 보인다.

국가에서 추진하는 노숙인 정책은 최종적인 단계에서 노숙 문제의 정도와 양상을 결정하는 데 큰 영향을 미친다. 노숙인 정책은 노숙 발생을 미연에 예방하거나 노숙 발생에 사후적으로 대처하는 것을 포함하며 이러한 노숙인 정책은 나라마다 상이하다. 서구에서 노숙인 정책은 크게 세 가지로 분류되어 왔다(Harvey, 1998; Sahlin, 1998). 첫 번째 정상화 모델(normalizing model)에서는 노숙인을 자신의 주거지를 갖고 독립적으로 살아갈 권리가 있는 주체로 바라본다. 이 모델은 '주거우선(housing first)'의 접근을 취하여 노숙인의 여러 문제 중 주거 문제에 대해 우선적인 대응이 필요하며 알코올 중독이나 약물남용 등 다른 문제에 대한 개입은 안정적인 주거 확보 이후에 수행되어야 한다고 본다. 이에 비해 두 번째 단계적 접근모델(staircase model)에서는 노숙인들이 독립적인 삶을 살기 위해서는 먼저 문제 행동을 개선해야 하며, 그것이 선행되지 않고서는 독립적 주거 유지에 실패할 것이라는 관점을 갖고 있다. 이러한 점에서 이 모델은 '주거준비(housing ready)' 접근을 취하는 것으로 볼 수 있다. 세 번째 중층모델(tiered model)은 노숙인들이 가진 부정적 문제의 고리를 끊기 위해 중간단계로 쉼터나 시설 등에서 적응기를 거친 후 독립적인 주거로 이행하도록 하는 전략이다. 단계적 접근모델이 노숙인의 문제와 그 치료에 초점을 두고 있는 반면 중층모델은 노숙인의 독립생활 능력을 부정하지 않으나 독립생활에 대한 점진적 적응기로 일시적인 중간국면이 필요하다고 본다. 이러한 점에서 중층모델은 정상화 모델과 단계적 접근모델의 중간에 위치하는 것으로 볼 수 있다.

서구에서 노숙 정책의 효과성 분석 결과는 주거우선 정책이 노숙방지와 탈노숙에 우월한 효과를 나타냄을 보여준다. 미국에서 약물남용 문제를 가진 노숙인들을 대상으로 한 연구에서는 주거우선 정책의 서비스를 받은 사람이 주거를 더 오래 유지하여 탈노숙의 효과가 훨씬 크다는 것을 발견하였다(Tsemberis, Gulcur, & Nakae, 2004). 또한 단계적 접근모델(staircase model)에 입각하여 노숙 정책을 펼친 스웨덴보다 주거우선(housing first) 정책을 시행한 노르웨이나 덴마크의 지자체들에서 노숙 발생 비율이 낮게 나타났다는 보고도 있다(Benjaminsen & Dyb, 2008). 그러나 한일 양국에서는 그간 주거우선 정책이 거의 주목을 받지 못하였고, 대체로 단계적 접근모델을 따른 것으로 볼 수 있다.

이렇게 한 사회에서 노숙 발생의 정도나 특성은 실업, 고용불안정 등 노동시장 여건과 복지체제가 작용하여 나타나는 빈곤상황, 주택시장과 주거정책이 상호작용하여 나타나는 저렴주거 제공 실태의 두 가지 구조적 요인에 크게 규정된다. 여기에 국가가 추진한 노숙인 정책 방향이 최종적인 영향을 미쳐 노숙의 양상이 결정된다.

4. 노숙 발생 원인에 관한 분석

1) 빈곤과 복지체제

서구 선진국들과 비교할 때 한국과 일본의 빈곤은 매우 심각한 수준이다. 2000년대 중반 빈곤율(전체 인구 중에서 중위소득 50% 미만과 40% 미만의 소득을 가진 인구 비율)을 비교한 결과 각국의 빈곤율 분포는 노숙 발생 정도에 상응하는 양상을 보여준다(표 2-4). 중위소득 50%를 기준으로 볼 때 대다수 국가가 시장소득빈곤율에서는 큰 차이가 없지만, 가처분소득빈곤율에서는 복지체제별로 큰 차이를 보인다는 점이 주목된다. 노숙이 비교적 적게 나타나는 북구의 스웨덴과 덴마크는 중위소득 50% 기준으로 5%대의 가장 낮은 빈곤율을 보였고, 독일과 프랑스 등의 유럽대륙 국가도 8%대의 비교적 낮은 빈곤율을 나타내었다. 반면에 노숙 발생이 높은 자유주의 국가들은 빈곤율이 높아 영국이 11.2%, 미국이 17.2%의 수준을 보였다. 한편 한국과 일본의 빈곤율은 14%대로 미국에 접근하는 높은 수준을 나타내었다.

〈표 2-4〉 2000년대 중반 OECD 각국의 상대빈곤율(단위: %)

국가	시장소득빈곤	가처분소득빈곤	아동빈곤	노인빈곤
한국 50%	16.6	14.0	10.4	41.4
40%	-	9.2	6.0	30.5
일본 50%	26.9	14.9	14.9	22
40%	-	-	-	-
미국 50%	26.3	17.2	20.9	24.2
40%	-	12.2	16.0	12.3
영국 50%	30.9	11.2	13.0	16.3
40%	-	5.2	5.4	5.9
독일 50%	32.7	8.5	10.9	8.6
40%	-	3.9	4.0	3.6
프랑스 50%	33.0	8.5	10.2	7.4
40%	-	4.1	4.5	3.3
스웨덴 50%	26.7	5.6	4.7	6.6
40%	-	2.6	2.0	1.5
덴마크 50%	23.6	5.6	3.9	8.5
40%	-	2.4	1.5	1.1

자료: 시장소득빈곤은 OECD Statistics; 일본 이외 국가의 가처분소득빈곤, 아동빈곤, 노인빈곤은 Luxembourg Income Study Database; 일본의 가처분소득빈곤은 OECD Statistics; 아동빈곤과 노인빈곤은 OECD(2008). 50%는 전체 대상 인구 중 중위소득 50% 미만의 소득을 가진 인구 비율. 40%는 전체 대상 인구 중 중위소득 40% 미만의 소득을 가진 인구 비율을 보임.

그런데 노숙 발생은 극빈과 밀접한 관련이 있으므로 중위소득 40% 기준의 빈곤율을 비교하는 것이 더 유용할 수 있다. 이 경우 유럽 국가들은 전반적으로 빈곤율이 5%대 이하로 낮은 수준이고, 아동이나 노인의 빈곤율이 특별히 높은 추세를 보이지 않는다. 북구 국가들에서는 아동빈곤율과 노인빈곤율이 전체 빈곤율보다 낮은 수준이다. 다른 유럽 국가들에서는 모두 아동빈곤율이 4~5%대의 낮은 수준이고, 전체 인구빈곤율과도 별 차이를 보이지 않는다. 반면에 미국에서는 전체 빈곤율이 12%대로 매우 높을 뿐만 아니라, 아동빈곤율이 16%로서 12%대의 전체인구빈곤율이나 노인빈곤율보다 훨씬 높은 수준이다. 한국과 일본은 전체인구빈곤율은 유럽 국가들보다 훨씬 높아 미국에 근접하는 수준을 보이나 미국과는 달리 아동빈곤율은 낮고 노인빈곤율이 높은 것으로 나타났다. 한국은 노인빈곤율이 30%를 넘어 다른 연령집단의 빈곤율에 비해 월등히 높은 것을 알 수 있다. 일본의 경우는 중위소득 40% 기준의 빈곤율 자료가 없어 그 양상을 정확히 알 수 없으나 중위소득 50% 기준 노인빈곤율이 22%로 높은 수준임을 생각할 때 노인빈곤율이 가장 높을 것으로 보인다.

연령집단별 빈곤양상에서 나타나는 국가 간 차이는 노숙인 특성과 관련을 가진다. 아동빈곤율이나 노인빈곤율이 모두 낮은 양상을 보이는 유럽 국가들에서는 노숙인이 단신 성인 노숙인 중심으로 구성되는 양상을 보인다. 이에 비해 아동빈곤율이 높은 미국에서는 노숙가족이나 노숙청소년이 많이 발견된다. 반면에 아동빈곤율이 낮고 노인빈곤율이 높은 한국과 일본에서는 노숙인이 중고령의 단신 성인 노숙인 중심으로 구성되는 경향을 보인다.

그런데 한국과 일본의 빈곤은 비교적 최근에 많이 악화되었다. 〈그림 2-2〉를 살펴보면 한국은 2인 이상 도시가구 대상 빈곤율이 1990년 7%대에서 2010년 13% 가까운 수준으로 급증하였다. 특히 노숙 문제가 본격화한 1990년대 후반 외환위기 시기에 빈곤율이 급속히 치솟았음을 볼 수 있다. 2010년 전체가구를 대상으로 한 빈곤율은 15% 정도로 더욱 심각한 수준임을 알 수 있다. 일본의 경우 1985년 12%였던 빈곤율이 그 이후 지속해서 증가하여 2009년 16%로 늘었다. 특히 일본에서 노숙인이 급속하게 증가한 것으로 알려진 1990년대 후반 빈곤의 급증이 눈에 띈다. 이 시기의 양국의 빈곤 악화는 미국, 영국 등의 국가에서 1970년대 후반부터 빈곤 증가가 본격화되고, 다른 서구 국가들에서 1980년대부터 빈곤 증가가 나타나기 시작하였다는 점과 대비된다.

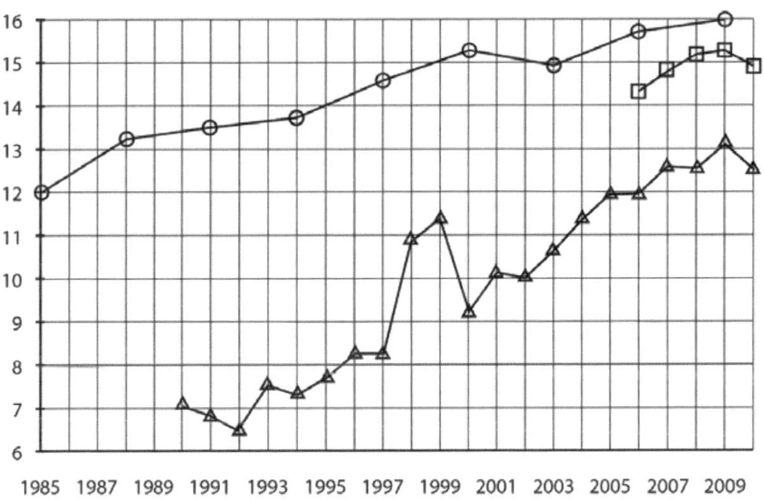

주: □는 한국 전체 인구 대상 빈곤율, △는 한국 도시 2인 가구 이상 인구 대상 빈곤율, ○는 일본 전체 인구 대상 빈곤율을 나타냄.
자료: 厚生労働省(2010b); 통계청 Kosis 국가통계포털(http://kosis.kr).

〈그림 2-2〉 한국과 일본의 가처분소득 상대빈곤율(중위소득 50% 기준) 추이

한국과 일본은 대체로 1990년대를 거치면서 빈곤 증가가 본격화되었고, 이는 노숙 문제가 나타난 시기와 대체로 일치한다. 이 시기 한일 양국의 빈곤 악화에는 근로세대에 대한 공적지출은 매우 낮은 상태에서 고용 악화로 근로연령세대 빈곤이 증가한 것이 영향을 미쳤다(OECD, 2006). 또 급격한 고령화 추세에도 불구하고 서구와 비교하면 노인빈곤을 줄이는 공적연금의 역할이 제한적인 점도 크게 작용하였다. 한국과 일본에서 노인과 근로연령대 인구의 빈곤율이 증가한 것이 양국에서 중고령의 성인 중심으로 노숙인이 증가하게 된 요인으로 작용하였다.

한편 중고령자 중심의 한국과 일본의 노숙인 특성을 설명하기 위해서는 양국의 공공부조제도를 고려할 필요가 있다. 노숙 문제가 극빈층의 규모와 더욱 높은 관련을 가진다는 점을 생각할 때 양국에서 최후의 사회안전망으로서 극빈층을 지원하는 공공부조제도의 역할에 주목할 필요가 있는 것이다. 한일 양국에서 공공부조의 지원은 급여 수준이 낮아 빈곤율을 낮추는 데에는 별 영향을 미치지 못하지만 극빈층과 노숙인의 연령구성에는 큰 영향을 미쳤을 가능성이 있다.

우선 한일 양국에서 근로계층을 대상으로 한 실업급여가 매우 제한적으로 기능하고 무엇보다도 실업부조제도가 없는 현실이 강조될 필요가 있다. 근로연령대에 대한 지원 제도가 없는 상황에서는 다른 공공부조를 받기에는 너무 젊고 건강하지만, 일자리를 구하기에는 나이가 많은 중고령자들이 극빈과 노숙의 위험에 처하게 된다(Ezawa, 2002: 288).

양국에서 실업부조 이외의 다른 공공부조제도가 제 역할을 하지 못한 점도 중요하다. 그나마 한국에서 2000년 기존의 생활보호제도를 대체하며 도입된 국민기초생활보장제도는 근로능력 있는 빈곤층에까지 수급자격을 확대하고 급여수준도 크게 개선하였다. 〈표 2-5〉

에서 보듯이 수급자 규모가 전체 국민의 2.9%로 적지 않고 노년기의 연령층이 특히 많은 혜택을 누리고 있다. 총인구 수 대비 수급자 비율을 연령대별로 보면 65세 이상 노년기 수급자는 7.1%로 노인이 국민기초생활보장제도의 혜택을 가장 많이 보는 집단임을 알 수 있다. 이에 비해 일본의 생활보호제도는 1950년에 도입된 후 큰 개선 없이 유지되어 전체 인구에 차지하는 수급자의 비율은 1955년 2.4%부터 1995년 0.7%까지 계속 떨어져 1990년대 중반에는 미미한 역할을 하는 데 그쳤다. 그 이후 수급률이 증가세로 반전되어 2010년에는 1.5%에 이르렀지만, 여전히 수급 규모가 작다. 무엇보다 노인인구의 2.5%를 지원하는 것에 그쳐 노인극빈 방지 역할에서 차이를 보인다. 일본에서는 공적연금 등의 성숙으로 노인빈곤층의 규모는 한국보다 작지만, 생활보호제도의 부실로 인해 노숙의 위험에 높은 노인극빈층 규모는 한국 이상으로 더 큰 규모일 가능성이 있다. 이러한 노인극빈층의 존재가 일본 노숙인의 고령현상을 설명하는 한 요인이 될 것이다.

〈표 2-5〉 한국과 일본의 생애 주기별 수급자 비율(총인구수 대비) (단위: 명, %)

			전체	영유아기	학령기	청소년기	청년기	중년기	노년기
총인구수 대비 수급자 비율	한국	2011년	2.9	1.2	2.3	4.4	1.1	2.8	7.1
	일본	1995년	0.7	0.4	0.6	0.6	0.2	0.8	1.6
		2010년	1.5	0.9	1.3	1.4	0.6	1.6	2.5

주: 생애주기를 한국은 영유아기(0~4세), 학령기(5~9세), 청소년기(10~19세), 청년기(20~39세), 중년기(40~64세), 노년기(65세 이상)로 분류하고, 일본은 영유아기(0~5세), 학령기(6~11세), 청소년기(12~19세), 청년기(20~39세), 중년기(40~64세), 노년기(65세 이상)로 분류함.

자료: 보건복지부(2010a); 厚生労働省(1995, 2010b); 総務省(1995, 2010)에 기초하여 계산.

이러한 제도적 환경에서 1990년대 이후 한국과 일본 양국에서 본격화된 중고령 근로빈곤층의 증가는 고용여건의 악화에 직접적인 영향을 받았다. 양국에서는 복지제도에 의한 빈곤 차단 기능이 미흡하여 고용악화가 빈곤으로 바로 이어지는 특성을 보였다. 한국의 1997년 외환위기의 경험은 실업이 곧바로 빈곤으로 이어지고 연이어 노숙을 초래하는 과정을 잘 보여주었다. 당시 등장한 노숙자들은 대다수가 식당과 같은 영세서비스업이나 건설일용노동, 영세기업에 종사하던 근로자들로 경기악화로 실직을 겪은 후 극심한 빈곤 상황에 처하면서 노숙에 이르게 되었다. 일본에서도 실업은 곧바로 빈곤과 노숙의 증가로 연결되었는데, 1990년대 초반 노숙의 등장은 거품경제 붕괴에 의한 건설일용시장의 냉각과 직결된 것이었다(Kennett & Iwata, 2003: 69). 특히 요세바라는 대도시 지역의 건설일용직 노동시장에는 '도야'(저가 간이숙박소)에서 사는 단신 남성의 일용직 노동자들이 밀집되어 있었는데, 거품경제가 붕괴되면서 이들 취약 근로층이 과잉노동력으로 남게 되었다(Aoki, 2003). 일본에서 1990년대 후반 노숙인이 급증한 것도 이 시기 5%대로 오른 실업률과 관련지어 설명할 수 있다.

한편 한국과 일본에서는 1990년대 이래로 비정규 고용 등 고용이 불안정한 근로자의 규모가 국제적으로 보아 매우 높은 수준으로 증가하였다. 한국에서는 1990년대 후반 아시아 경제위기를 거치면서 비정규직 규모가 급증하였다. 특히 임시직 근로의 경우 2001년 16.6%에서 2006년 28.8%로 늘었고, OECD 회원국 중에서 스페인 다음으로 가장 큰 규모를 유지하고 있다(Grubb, Lee, & Tergeist, 2007). 이러한 비정규직 등 취약근로자들은 노숙의 위험에도 크게 노출되고 있다. 실제 관습적인 주거가 아닌 곳에서 생활하는 주거취약계층 중 53.1%가 무직자이지만 그 이외에 다수가 취업 상태를 유지하고 있음에도 안정된 주거생활을 하지 못하고 있다. 이들 취업자 중 일용직 임금근로자는 42%, 임시직은 16.7%인 반면, 상용직 근로자는 7.5%를 차지하였다(한국도시연구소, 2011).

일본에서도 비정규직 근로자들이 1990년대 초반 전체 근로자의 19% 수준에서 2000년대 중반 30%로 증가하는 등 계속 악화추세를 보여 2010년에는 34%에 달하게 되었다(OECD, 2006). 최근 실태조사 결과는 '요세바' 노동자 외에도 이들 비정규직 노동자 등이 노숙위험에 처해 있음을 보여준다. 2007년 일본 후생노동성에서 PC방이나 만화방 등 비숙박용 다중이용업소에서 생활하는 노숙인을 조사한 결과, 이들 새로운 노숙들의 다수는 비정규직 노동자와 실업자로 이루어졌다(厚生労働省, 2007). 과거에는 노숙인을 "고도 성장기에 요세바에 들어와 건설업 일용노동에 종사하다가 가족에게 돌아가지 못하고 그대로 퇴적된(김수현, 2010: 145)" 이들로 생각되었다. 하지만 이제는 불안정한 고용형태(일용·임시고용)에 종사하다가 실업에 처하면서 노숙에 이른 취약 근로자들이 노숙인의 주요 집단으로 등장하였다(코다마, 2003: 102).

2) 저렴주거 실태와 주거정책

자가와 임대 등 주거의 점유 형태는 사회마다 상당한 차이를 보인다. 저렴주거의 실태와 관련해서는 임대 부문의 주택시장 특성과 공공임대 제공과 임대료 지원 등 공공정책이 중요하게 영향을 미쳐 국가간의 차이가 나타난다. 임대 부문에서 공공임대와 민간임대의 구성비율은 사회마다 큰 차이를 보인다. 공공임대가 임대 부문의 대부분을 차지하는 네덜란드, 오스트리아, 북구 국가, 영국 등이 있는가 하면 미국, 일본, 한국 등에서는 공공임대가 작은 역할을 한다. 그런데 저렴주거 실태에는 공공임대주택의 규모만이 아니라 국가가 공공임대주택이 전체 주거에서 담당하는 역할을 어떻게 설정하는가도 큰 영향을 미친다. 공공임대주택의 역할을 중심으로 보면 보편주의형(broad-based system)과 선별주의형(targeted system)으로 구분이 가능하다. 공공임대의 대상을 중산층을 포함하여 폭넓게 설정하는 보편주의형을 취한 나라에서는 공공임대와 민간임대 시장이 통합적으로 운영되고 공공임대는 시장규제적인 역할을 한다. 이 유형은 공공임대주택이 전체 주거의 10% 이상을 차지하는 스웨덴이나 20%를 넘는 덴마크, 네덜란드 등에서 발견된다. 공공임대주택의 혜택을 취약계층에 집중하고 민간임대에 대한 규제가 약한 선별주의형으로는 미국이 대표적이며, 공공임대의 비중이 높은 영국도 이에 속하는 것으로 볼 수 있다.

정부가 저소득층의 주거소비를 지원하는 임대료 지원 정책 유형에 따라서도 국가들을 구분할 수 있다. 임대료 지원 정책은 저소득층 일반에 대해 폭넓게 급여를 제공하는 형태와 공공부조 일부로 그 수급자에게만 선별적 지원을 행하는 형태의 두 가지로 나누어진다. 스웨덴과 독일 등 유럽 국가들은 두 가지 형태를 병행하고, 영국은 저소득층을 폭넓게 지원한다. 이들 국가에서는 인구의 10% 이상이 임대료 지원대상이 된다. 반면에 영국 이외의 영미 계열 국가는 임대료 지원을 공공부조 수급자로 제한하는 경향이 있다(Andrews, Sanchez, & Johansson, 2011).

한국이나 일본은 공공임대의 역할이 미미하다는 점에서 유럽 국가들과 다르며, 임대료 지원 정책도 부재하다는 점에서 영미 계열 국가와도 다른 경우로 저렴주거 제공에서 공공의 역할이 실질적으로 존재하지 않는 매우 예외적인 유형으로 볼 수 있다. 한국에서 저렴주거와 관련한 주거정책은 1980년대 후반 이후 시작되었다. 그 이

전에 정부는 민간자본에 의존한 주택공급확대계획을 추진하면서 부동산 투기 억제와 무허가주택에 대한 단속 정도의 역할을 하였을 뿐이었다. 1980년대에 도시재개발사업이 추진되면서 판자촌 같은 저렴 주거 공간이 급감하고 주택 가격 및 전세가 폭등이 이어지면서 저소득층을 위한 저렴주거 재고가 부족하게 되었다(김수현, 2010). 이러한 상황에 부딪혀 정부는 1988년부터는 주택 200만 호 건설계획을 추진하면서, 소득 하위 20~40분위에 대해서는 근로자주택, 사원임대주택 등의 소형분양주택 공급제도를 도입하여 기업 근로자에 대한 주거 지원을 강화하였다. 이와 별도로 소득 하위 1분위에 대해서는 1992년까지 영구임대주택 19만 호를 건설하였다. 하지만 김영삼 정부 들어서 영구임대 등 공공임대주택 추진이 거의 사라졌다(배순석·김혜승·윤혜련·박환용·이용만·전한건, 2002).

1990년대에 빈곤층이 겪은 주거상황 악화는 1990년대 후반 노숙인들이 노숙 시작 이전 10년간 경험한 주거생활의 변화를 통해서 볼 수 있다. 노숙인들의 노숙 10년 전, 5년 전, 노숙 직전의 주거생활 변화를 살펴보면 시간이 지남에 따라 점차 월세, 일세의 비중이 높아지고 자택이나 전세의 비중은 낮아짐을 알 수 있다(표 2-6). 또 직장 내 숙소에서 생활하던 사람들의 비중이 매우 높아 이들이 직장을 잃으면서 거주지도 동시에 잃게 되어 노숙으로 진입하는 경우가 많음을 알 수 있다.

〈표 2-6〉 노숙 이전의 주거생활

	10년 전(%)	5년 전(%)	노숙 직전(%)
자택	33.9	20.4	6.7
전세	15.6	20.4	5.7
월세	19.3	32.4	35.2
일세	2.8	3.7	21.9
직장 내 숙소	17.4	16.7	12.4
고아원(보육시설)	7.3	1.8	1.9
복지시설	0.9	1.8	5.7
기타	2.8	2.8	10.5
계	100.0(no.=109)	100.0(no.=108)	100.0(no.=105)

자료: 노숙인다시서기지원센터(1999).

1990년대 후반을 지나면서 국민임대주택제도가 신설 추진되어 장기 공공임대주택 재고는 2000년 2.3%에서 2010년 4.6%로 증가하였다. 그러나 여전히 민간임대주택이 전체 임대주택의 82.4%를 차지하여 임대 부문에서 공공임대의 역할은 매우 작다. 그리고 민간임대주택은 점유가 불안정하고 그에 대한 실효성 있는 규제도 이루어지지 않아 임대료 상승이 지속되었다. 주거비 상승을 상쇄할 임대료 지원제도가 없는 점도 저소득층의 주거 불안정과 주거비 부담 악화에 기여하였다(진미윤, 2011). 국민기초생활보장제도하에 주거급여가 있으나 그 지원은 기초보장수급자격을 얻은 자로 한정되어 있어 명목적인 것에 그치고, 주거비 부담이 높은 광범위한 저소득층에 대한 지원이 실질적으로 부재한 상태이다.

일본에서도 전체 주택재고에서 공공임대주택이 차지하는 비율이 매우 낮다. 일본은 제2차 세계대전 이후 주택난 해결을 위해 국가가 공적자금으로 자가소유 중심의 주택공급을 주도하였다. 1950년대에는 저소득층에 저렴한 임대료로 주택을 제공하는 공공임대주택 사업이 시작되었다. 그러나 경제성장기 동안 종신고용, 연공서열제를 특징으로 하는 안정된 고용관계가 자리잡으면서 중산층의 자가 소유를 지원하는 정책이 주된 방향이 되었고, 공영주택과 같은 취약 계층에 대한 주거정책은 잔여적 성격이 강해졌다(平山, 2009). 그 결과 공영주택은 2000년대 전체 주택 재고의 4%대 수준으로 줄어들었다(總務省, 2008).

한국에서도 근로자주택이나 사원주택 비중이 작지 않지만, 일본에서는 사택과 같은 노동형 주택이 저렴주거 재고에서 상당한 비중을 차지했던 것으로 보인다. 일본에서 사택은 1990년대 초반 전체 주택 재고의 5%대를 차지하여 공영주택의 비중과 비슷한 규모를 보이다가 2000년대에는 3%대를 유지하고 있다. 이러한 이유로 일본에서는 근로빈곤층이 취업 상태에서 거주하는 주거유형 중에 노동형 주택이 많이 나타나게 되었다. 일본 노숙인에 대한 조사 결과를 보면, 가장 오래 유지한 일자리에 종사하고 있을 당시에는 약 36.4%가 사택, 기숙사 등 일자리와 함께 제공되는 주거에서 생활한 것으로 나타난다. 특히 노숙 직전의 일자리에서는 그 비율이 약 39.3%로 늘어난다(厚生労働省, 2012b). 이들 노동형 주택 거주자 중 대표적인 집단은 공사현장 합숙소, 간이숙박소, 기숙사 등의 생활을 유지한 건설 관련 종사자들이지만, 비교적 안정된 서비스업에 종사하면서 공장 기숙사, 사택에 머무르는 노동자들도 상당수를 차지한다(岩田, 2004). 이 노동형 주택은 저렴주거의 역할을 하지만 그 거주자들은 실직 시에는 주거도 동시에 잃게 되므로 노숙위험에 매우 취약한 처지에 놓인다.

일본에서는 공공임대주택이 미미할 뿐만 아니라 임대료 지원 제도도 미비하다. 미국의 경우 공공임대주택의 역할이 작지만, 임대료 지원 등에 대해서는 적지 않은 지출을 하고 있다. 그러나 일본의 경우 정부의 주거비 보조에 대한 지출이 낮은 수준으로 이러한 상황이 1990년대 이후 노숙인의 증가에 기여한 것으로 보인다. 그러나 일본에서 이루어진 최근의 정책 변화는 주목할 만하다. 일본은 오랜 기간 생활보호제도의 수급자격을 비교적 엄격하게 유지하였지만 2000년대 이후에는 생활보호제도의 주거급여를 노숙인 등 생계급여 수급자 이외의 대상자에까지 확대하여 임대료 지원을 늘리고 있다.

이상과 같이 한국과 일본에서는 공공임대주택의 비율이 낮고 민간임대시장에 대한 규제가 미비한 특징이 있어 저소득층의 주거상황이 불안정하다. 더욱이 임대료 지원 제도도 미흡하여 실직 등으로 말미암은 빈곤이 곧바로 노숙으로 이어질 가능성이 높다. 한일 양국에서 정부의 적극적인 주거정책의 부재는 기업단위에서의 주거지원과 대비되는 현상으로 서구와는 구분되는 동아시아적 특성으로 볼 수 있다.

3) 노숙인 정책의 특성

서구에서 노숙인 정책은 안정적인 주거 제공을 우선하는 정상화 모델, 독립적인 주거생활에 앞서 문제 행동 개선을 이루어야 한다고 보는 단계적 접근모델, 중간단계로 쉼터나 시설 등에서 노숙인들이 독립적인 주거생활을 준비하도록 하는 중층전략으로 구분할 수 있다. 그렇다면 한국과 일본이 그간 진행해 온 노숙인 정책은 어떠한 전략에 따르고 있는 것으로 볼 수 있을까?

한국의 노숙인 정책은 주거지원에 대한 고려가 없는 응급구호적 성격에서 시작하여 단계적 접근에 따른 주거준비 모델이 적용되고 있는 것으로 볼 수 있다. 이는 한국 노숙인 정책의 몇 가지 특징에서 잘 나타난다.

첫 번째 특징은 노숙인의 시설입소를 유도하고 시설을 통해 다양한 복지서비스를 받을 수 있도록 하는 시설보호 중심으로 이루어져 있다는 점을 들 수 있다.[1] 이렇게 노숙인 정책이 시설보호 중심으로 이루어지게 된 것은 외환위기 당시 정부 대응이 쉼터 등 시설보호를 통해 거리노숙인에 대한 응급구호를 실시하는 데에 집중되었고, 그 이후에도 정부의 전략이 큰 변화 없이 지속된 결과이다. 시설보호 중심의 지원은 응급구호에서 긍정적인 역할을 하였지만 노숙인이 시설의 입소와 퇴소를 반복하며, 지원체계 내에 장기간 머무르는 '노숙의 회전문 현상'을 부추기는 것으로 비판받아 왔다(남기철, 2011).

두 번째 특징은 '일 우선(work first)' 접근에 있다. 시설에 거주하는 사람들에게 단기 일자리를 제공하여 자립을 이루고 민간 저렴주거로 입주하도록 하여 노숙을 벗어나게 한다는 것이다. 이러한 전략은 경제위기와 실업으로 인해 노숙이 발생하였고, 근로연령대의 단신 남성들이 다수인 노숙인들에게 가장 우선하여 필요한 것이 일자리라는 인식을 반영한 것이다. 정부는 노숙인 문제가 등장한 초기부터 지금까지 다양한 일자리 제공 사업을 계속하고 있다. 그러나 정부의 일자리 제공 정책만으로는 안정된 일자리로의 취업이 쉽지 않고 독립적인 주거를 마련하는 것이 어려워 노숙인의 자활과 탈노숙에서 성과를 거두지 못하고 있다. 이와 관련하여 독립적인 주거 없는 노숙생활이 노숙인의 정신건강을 악화시키는 등으로 노숙의 만성화를

1 한국의 노숙인 관련 시설은 민간기관에 의해 운영되는데, 2011년 현재 노숙인 쉼터 70개, 상담보호센터 13개, 부랑인 복지시설 51개 등 총 134개가 있다(정원오·남기철·민소영·현시웅, 2011). 노숙인의 약 85%가 이들 시설에 거주하고 있으며 중앙정부의 노숙인 사업의 예산 중 80%가 시설운영 비용이다(남기철, 2011). 한국 노숙인 정책에서 나타난 민간기관이 운영하는 시설보호 중심 접근에 대해서는 이 책의 5장과 6장을 참조하라.

초래한다는 점도 강조될 필요가 있다(남기철, 2001). 주거지원 없는 '일 우선' 접근으로는 탈노숙 성과를 기대하기 어렵다.

그러나 한국에서 노숙인에 대한 주거지원 사업은 비교적 늦게 시작되었고, 그 규모도 작아 노숙인 정책 중 부차적인 지위를 벗어나지 못하고 있다. 2005년에 시작된 매입임대주택 지원사업에서는 정부가 근로를 유지하는 노숙인들을 대상으로 매입한 주택의 장기적 임대를 제공한다. 이 사업에 참여하기 위해서는 임대료 지불 능력이 필요하므로 거리노숙자가 혜택을 받기는 쉽지 않고, 사업의 규모도 작아 큰 효과를 보지 못하고 있다(이태진·현시웅·김선미·우선희·김정은, 2010). 한편 2006년부터 실시 중인 임시주거비 지원 서비스는 노숙인에게 평균 2개월가량의 월세를 제공하여 긴급거처를 얻도록 지원하는 제도이다. 2009년까지 4년간 매해 600여 명이 혜택을 받아 전체 서비스 대상자 중 35.7%가 주민등록을 복원하였고, 67.6%가 기초 보장에 편입되었으며, 79.7%가 주거를 유지하는 등 좋은 성과를 보였다(사회복지공동모금회, 2009; 이태진 외, 2010 재인용). 그러나 주택의 안정성이나 적절성이 떨어지고 관련 서비스의 지원도 미흡하다는 지적이 있다(남기철, 2011).

일본에서는 1990년대 후반까지 노숙 문제에 대해 정부가 이렇다 할 노숙인 정책 없이 무대응으로 일관하여 거리노숙인 규모가 빠르게 증가하였다. 그러나 1998년부터 각 지방정부가 자립지원센터의 설립을 추진하였고(野村, 2001; 남원석, 2006 재인용), 2000년대에는 중앙정부도 대응을 본격화하여 2002년 전국 주요 도시에 자립지원센터를 열고 노숙인 자립지원 정책을 추진하였다. 2002년 「홈리스특별법」 입법 이후부터는 거리노숙인 감소를 목적으로 하여 노숙인 종합상담추진사업(아웃리치), 노숙인 긴급일시숙박사업(쉘터), 노숙인 자립지원사업(홈리스자립지원센터)의 세 가지 사업이 전국적으로 추진되었다.

이때부터 일본 정부는 탈노숙의 경로를 일정기간(6개월) 자립지원센터에 머물면서 일을 통해 주거를 획득하도록 하는 것과 생활보호 수급을 통해 거택보호로 연결하는 것, 이 두 가지로 잡고 사업을 추진하여 거리노숙자의 숫자를 줄여나갔다(Iwata, 2010: 128). 거리노숙자 중 고령이거나 근로능력이 없는 자에 대해서는 생활보호제도로 흡수하여 거리를 벗어나도록 하는 접근을 취하여, 간이숙박소('도야') 에 주거지를 둔 노숙인에게 생활보호제도의 주택부조로 임대료를 지원하였다. 또 일을 통해 자립하기를 희망하는 근로능력이 있는 노숙인들에 대해서는 자립지원센터를 통해 취업을 지원하여 독자적인 주거를 유지하도록 하였다.

중앙정부의 접근과 별도로 도쿄도 지방정부는 2004년부터 '지역생활이행지원사업'을 시작하였다. 이 사업은 기존의 자립지원센터나 생활보호시설(갱생시설, 구호시설 등)을 거치지 않고 민간임대주택으로 바로 이주할 수 있도록 하는 프로그램으로서(中島, 2005: 48; 남원석, 2006 재인용) '주거우선(housing first)' 접근으로 볼 수 있다. 시설수용이나 자립지원센터를 통해 자활을 유도하던 기존의 자립지원사업이나 노숙인 긴급일시숙박사업의 '주거준비(housing ready)' 방법과 질적으로 다른 새로운 접근이다(남원석, 2006; Iwata, 2010). 도쿄도의 주거우선 사업은 큰 성과를 올린 것으로 평가되며, 2000년대 오사카, 나고야 등의 다른 도시에서 실시했던 일시보호(쉘터) 사업들의 실패와 대비된다(岩田, 2010). 이러한 성과에 힘입어 2010년부터는 도쿄 23구의 매입임대주택사업, 오사카시의 임대주택형자립지원사업 등이 새로 추진되면서 주거지원 접근이 확대되고 있다.

주거지원사업의 확대와 함께 일본 노숙인 정책에서 두드러지는 점은 생활보호제도를 중요한 자원으로 활용한다는 점이다. 1990년대 이후 일본의 지자체들은 재량에 따라 거리노숙인 중 노인과 질병이

있는 사람들을 생활보호로 편입하여 왔다(山田, 2009). 특히 홈리스자립지원법을 통해 노숙인에게 생활보호 수급권이 인정된 이후로는 생활보호제도가 노숙인들의 주거확보의 중요한 자원으로서 더욱 큰 역할을 하게 되었다(전홍규, 2004). 무료저액숙박소(2009년 현재 정원 14,089명)의 경우는 입소하면서 생활보호를 적용받아 그 급여로 숙박비를 지급하고 있다. 또 간이숙박소(2009년 현재 2만 개 방)와 원룸(2009년 현재 12,587개 방)에 거주하는 노숙인에 대해서도 생활보호법의 주택부조가 제공되고 있다. 일본에서 홈리스자립지원법이 운용되면서 거리노숙인 수가 줄었던 것은 생활보호제도 활용의 성과로 평가된다(虹の連合, 2007; 垣田, 2011: 238). 일본의 사례는 국민기초생활보장제도를 노숙인 정책에서 전혀 활용하지 않고 있는 한국과 대비되는 것이다.[2]

요컨대 한국과 일본의 노숙인 정책은 근로를 통한 자립을 강조하고 서구와 같은 주거우선정책의 요소가 결여되어 있다는 공통점을 가지고 있었다. 그런데 2000년대 중반을 거치며 일본에서는 주거우선 정책이 확대되는 중요한 변화가 일어나고 있다. 노숙인에 대한 생활보호제도의 주거부조 제공을 통해 주거지원을 확대하고 있는 것이다. 이러한 접근은 주된 목적이 거리노숙인 감소에 있어 탈노숙과 주거안정의 실현과는 다소 거리가 있다는 한계를 가진다. 하지만 한국의 시설보호 중심 접근보다는 진일보한 것이다. 2000년대 이후 한국에서 거리노숙인이 지속해서 확대된 반면 일본에서 거리노숙인이 빠른 속도로 줄어든 데에는 한일의 노숙인 정책 차이가 크게 작용한 것으로 보인다.

2 국민기초생활보장제도에서는 노숙인 쉼터나 쪽방 등의 거주자에 대해서는 1개월 이상 일정한 주거에서 실제 거주한 경우에 지원자격을 주고 거리노숙인에 대해서는 수급 자격을 인정하지 않는다(보건복지부, 2012).

5. 맺음말

본 연구는 한국과 일본의 노숙 문제의 특성을 빈곤과 복지체제, 주거정책, 그리고 정부 노숙인 정책의 세 가지 제도적 요인을 중심으로 설명하였다. 한국과 일본의 노숙 문제는 한국이 1990년대 말, 일본이 1990년대 초 본격적으로 시작되어 다소 시차가 있는데 이는 양국에서 빈곤이 증가하는 시기와 관련을 하는 것으로 보인다. 양국의 빈곤층에서 근로연령세대와 노령세대의 비중이 높고 중장년의 근로세대에 대한 복지지원이 미약한 결과, 양국의 노숙인은 근로세대 중 근로능력이 떨어지는 중고령 남성으로 구성되고 일본은 특히 고령자의 비중이 높다. 이들 중고령 남성 노숙인이 주요한 원천이 되는 양국의 거리노숙 문제는 정부의 효과적인 개입이 부재한 상황에서 심각한 양상으로 전개되었다.

그렇다면 한국과 일본의 노숙 문제는 서구와는 다른 동아시아적 특성을 보여주는가? 본 연구는 김수현(2010)과 마찬가지로 양국에서 중고령의 단신 성인 노숙자가 다수를 차지하는 노숙인 구성이 젊은 노숙인이 큰 비중을 차지하는 유럽이나 노숙가족이나 노숙청소년이 주목되는 미국 등과 구분되는 주요한 동아시아적 특성이라고 본다. 본 연구에서는 이러한 동아시아적 특성을 기업 기반의 복지체제와 정부의 주거정책 부재, 주거지원을 외면하는 노숙인 정책이 함께 어울려 나타난 결과로 파악한다. 서구와는 달리 한국과 일본 양국에서는 복지와 주거지원이 대기업 정규직 중심으로 제한되어 국가의 복지제도의 빈곤 차단막 역할이나 주거정책의 노숙예방 역할이 극히 미흡하다. 그 결과 고용악화가 곧바로 빈곤과 노숙으로 이어지는 현상이 나타나고, 중고령의 근로세대가 가장 큰 위험에 처하게 되었다.

다른 한편으로는 한국·일본 양국 간에 노숙인 문제 전개 양상에서 상당한 차이가 발견된다. 우선 한국의 경우 2000년 국민기초생활보장제도의 도입을 통해 빈곤층에 대한 지원을 늘린 점이 주목된다. 이는 지원대상이 엄격하게 제한되어 있어 빈곤층에 대한 지원역할이 극히 미미한 일본의 생활보호제도와 대비된다. 그 결과 공공부조의 극빈노인층 지원역할에서 큰 차이가 나타났다. 일본에서 고령노숙인의 비중이 한국보다 더욱 큰 현상은 양국의 공공부조에서의 차이와 관련된 것으로 보인다.

양국의 노숙 문제 비교에서 주목되는 또 하나의 차이는 2000년대 들어 일본에서 거리노숙인이 빠른 속도로 감소하였다는 점이다. 한국은 주로 시설보호 위주의 정책을 취하여 거리노숙인을 쉼터로 수용하는 데에 노숙인 정책의 중심이 있었고, 노숙인에 대한 주거지원에 대해서는 정부가 소극적인 태도를 보였다. 그 결과 탈노숙의 성과가 적고 거리노숙이 증가하고 만성화되는 양상을 보였다. 그러나 일본의 경우 2000년대 중반을 거치면서 주거우선 전략을 일부 확대하여 노숙인에 대한 주거지원을 대폭 늘리고 이를 위해 생활보호제도의 주거부조를 적극 활용하고 있는 변화가 나타났다. 이러한 노력의 결과 일본에서는 많은 노숙인이 거리를 벗어나는 성과를 올렸다. 이는 주거우선정책이 탈노숙을 이루는 데 효과적임을 보여주는 서구의 경험과도 일치하는 것이다. 또 주거지원 없는 '일 우선' 접근을 취한 한국이 노숙 만성화와 거리노숙 증가를 경험하고 있는 것과 대비된다.

본 연구의 한국과 일본 양국 노숙 문제 비교 분석은 정책적 시사점을 제공한다. 양국은 서구와는 달리 산업화 과정에서 정부의 복지지출을 최소화하였고, 고용과 복지 제공에서 기업단위의 책임을 극대화하였다. 그러나 고속성장의 시기가 종료된 1990년대 이후로는 이러한 기업 기반의 복지체제를 고수하는 것으로는 빈곤과 노숙의 위험에 효과적으로 대처할 수 없게 되었음이 확인되었다. 따라서 정부가 빈곤완화를 위해 기업단위를 넘어서는 복지제도를 확충하고, 공공임대주택과 임대료 지원 제도 등 저렴주거 확보를 위한 정책 도입에 적극 나서는 것이 노숙 문제 해결을 위한 필수적 과제가 될 것이다. 향후 양국이 나아가야 할 정책방향의 효과성은 국민기초생활보장제도 지원을 확대함으로써 노인극빈층의 노숙위험을 일부 차단하는 데에 성과를 본 한국의 경험이나, 노숙인에 대한 임대료 지원을 확대하여 거리노숙을 줄인 일본의 경험에 의해 일부나마 확인되기도 하였다. 이러한 정책적 개선의 성과는 노숙인 정책에서 주거우선 접근을 확립함으로써 더 큰 결실을 볼 것으로 보인다.

참고문헌

구인회·김소영·유야마 아쓰시(2012). 「한국과 일본의 노숙 문제 비교 연구」, 『경제와 사회』 96: 328-359.

김수현(2010). 「한국과 일본의 노숙인 비교—고령 노숙인이 많은 이유에 대한 시론」, 『서울도시연구』 11(1): 139-159.

남기철(2001). 「노숙자의 심리사회적 외상특성과 보호시설 퇴소」, 『사회복지연구』 17: 29-63.

남기철(2003). 「노숙인의 심리사회적 욕구와 쉼터 사회복지서비스」, 『생활과학연구』 8: 103-117.

남기철(2011). 「한국의 노숙인 복지와 주거지원」, 『상황과 복지』 31: 121-157.

남원석(2006). 「토쿄도의 홈리스 지역생활이행지원사업」, 『도시와 빈곤』 80: 145-169.

노숙인다시서기지원센터(1999). 『99년 연구조사백서』.

노숙인다시서기지원센터(2009). 『사업백서』.

배순석·김혜승·윤혜련·박환용·이용만·전한건(2002). 『시장소외계층을 위한 주택정책 수립연구』, 국토연구원.

사회복지공동모금회(2009). 『주거지원사업 4년의 실적 및 평가 자료집』.

보건복지부(2010a). 『국민기초생활보장 수급자 현황』.

보건복지부(2010b). 『노숙인의 자활을 위한 근원 대책 마련』, 6월 7일 보도자료.

보건복지부(2012). 『노숙인 등의 복지사업 운영안내』.

윤일성(2002). 「노숙자에 대한 인식의 차이: 한국과 일본 비교」, 『한국민족문화』 19·20: 311-332.

이태진·노대명·남기철·정원오·주영수·김선미·우선희(2007). 『노숙인 정책의 평가와 개선방안』, 한국보건사회연구원 정책보고서.

이태진·현시웅·김선미·우선희·김정은(2010).『주거복지정책의 평가 및 개편방안 연구』, 한국보건사회연구원 정책보고서.
전홍규(2004).「일본의 홈리스 거주지원과 민간의 역할」,『도시와 빈곤』66: 47-79.
정원오·남기철·민소영·현시웅(2011).『부랑인·노숙인 복지서비스 지원체계 개편방안 연구』, 연구보고서.
진미윤(2011).「국제비교적 관점에서 임대주택 시스템 변화와 향후 정책 방향」,『국토연구』71: 87-113.
코다마 토오루(2003).「홈리스문제 무엇을 묻고 있는가?」, 전홍규 옮김,「일본의 홈리스문제와 거주지원」,『도시와 빈곤』64: 93-114.
한국도시연구소(2011).『주거취약계층 전국 실태조사』, 보건복지부 수탁과제.

大阪市(2009).『大阪市ホームレスの自立の支援等に関する実施計画(平成21年~平成25年)』(2009年3月).
東京都(2012).『都区共同事業によるホームレス対策の現状について』(2012年6月). 東京都福祉保健局.
山田壮志郎(2009).『ホームレス支援における就労と福祉』, 明石書店.
水内俊雄(2012).「脱ホームレス支援から学ぶ日本型 '社会住宅'の現状とその可能性-ポストホームレス自立支援法とその住宅のナショナルミニマム」,『ホームレスと社会』5: 63-72.
岩田正美(1999).「'ホームレス'としての現代の失業·貧困」, 社会政策学会編『日雇労働者·ホームレスと現代日本』, 社会政策学会誌第1号, pp. 3-19.
岩田正美(2004).「誰がホームレスになっているか？ーポスト工業社会への移行と職業経験等からみたホームレスの3類型」,『日本労働研究雑誌』528: 49-58.
岩田正美(2007).『現代の貧困』, 筑摩書房.
岩田正美(2010).「バスに鍵はかかってしまったか？」, 岩田正美編,『リーディングス日本の社会福祉第２巻 貧困と社会福祉』, 日本図書センター, pp. 399-418.
野村泰洋(2001).「東京のホームレス対策の展開: 自立への新たなシステムの構築へ」,『都市住宅学』34: 46-50.
垣田裕介(2011).「日本のホームレス支援資源と政策枠組みー所得·居住·ケア」,『大分大学経済論集』62: 235-254.

中島明子(2005).「ホームレス支援における居住支援: ハウジング・ファーストアプローチ」,『都市問題研究』57(11): 43-54.

総務省(1995).『平成7年 国勢調査』.

総務省(2008).『平成20年 住宅・土地統計調査 結果の解說』.

総務省(2010).『平成22年 国勢調査』.

平山洋介(2009).『住宅政策のどこが問題か ―〈持家社会〉の次を展望する』, 光文社新書.

虹の連合(2007).『2006-2007年 もう一つの全国ホームレス調査: ホームレス「自立支援法」中間年見直しをきっかけに』, 大阪就労福祉居住問題調査研究会.

厚生労働省(1995).『平成7年 被保護者全国一斉調査』.

厚生労働省(2006).『ホームレスの実態に関する全国調査検討会(第三回)資料(2006. 7. 31)』.

厚生労働省(2007). 『日雇い派遣労働者の実態に関する調査及び住宅喪失不安定就労者の実態に関する調査』.

厚生労働省(2008). 『ホームレスの自立の支援等に関する基本方針に定める施策に関する評価書(2008. 5)』.

厚生労働省(2010a).『社会福祉施設等調査』.

厚生労働省(2010b).『平成22年 被保護者全国一斉調査』.

厚生労働省(2012a).『ホームレスの実態に関する全国調査(概数調査)』.

厚生労働省(2012b).『ホームレスの実態に関する全国調査(生活実態調査)』.

厚生労働省(2012c).『ホームレスの実態に関する全国調査検討会(第3回)資料(2012. 3. 23)』.

厚生労働省(2012d).『社会福祉施設等調査』.

Andrews, D., Sánchez, A. C., & Johansson, Å.(2011). "Housing Markets and Structural Policies in OECD Countries," *OECD Economics Department Working Papers*, No. 836, OECD Publishing.

Aoki, H.(2003). "Homelessness in Osaka: Globalization, Yoseba and Disemployment," *Urban Studies* 40(2): 361-378.

Benjaminsen, L. & Dyb, E.(2008). "The Effectiveness of Homeless Policies-Variations among the Scandinavian Countries," *European Journal of Homelessness* 2: 45-67.

Esping-Andersen, G.(1990). *The Three Worlds of Welfare Capitalism.* Oxford: Polity Press.

Estevez-Abe, M., Iversen, T., & Soskice, D.(2001). "Social Protection and the Formation of Skills: A Reinterpretation of the Welfare State," in Hall, P. A. & Soskice, D.(ed.), *Varieties of Capitalism.* Oxford: Oxford University Press, pp. 145- 183.

Ezawa, A.(2002). "Japan's New Homeless," *Journal of Social Distress and the Homeless* 11 (4): 279-291.

FEANTSA(2007). "Social and Demographic Change and Homelessness," *Homeless in Europe.* Autumn 2007.

Fitzpatrick, S.(2005). "Explaining homelessness: a critical realist perspective," *Housing, Theory & Society* 22(1): 1-17.

Grubb, D., Lee, J. K., & Tergeist, P.(2007). "Addressing labour market duality in Korea," *OECD Social, Employment and Migration Working Papers*, No. 61, OECD.

Hall, P. A. & Soskice, D.(2001). "An Introduction to Varieties of Capitalism," in Hall, P. A. & Soskice, D.(ed.). *Varieties of Capitalism.* Oxford: Oxford University Press, pp. 1-68.

Harvey, B.(1998). *Settlement Services for Homeless People in Europe: Lessons for Ireland.* Dublin. Homeless Initiative.

Iwata, M.(2010). "New landscape of homelessness in Japan: The role of NPO's and landscape of the problem. City," *Culture and Society* 1: 127-134.

Kennett, P. & Iwata, M.(2003). "Recariousness in everyday life: homelessness in Japan," *International Journal of Urban anıl Regional Researrh* 27(1): 62-74.

Luxembour Income Study Database. http://www.lisdatacenter.org/

Meert, M., Maurel, E., Wolf, J., Nicholas, S., Maas, R., Koch-Nielsen, I., Christensen, I., & Cabrera, P.(2003). "The changing profile of homeless people: Macro social context and recent trends," *European Observatory on Homelessness*, pp. 1-31.

National Coalition for the homeless(2007). "Who is homeless?" NCH Fact Sheet #3.

National Law Center on Homelessness and Poverty(2004). Homelessness in the United States and the Human Right To Housing.

OECD(2006). OECD Economic Surveys: Japan.

OECD(2008). Growing Unequal? Income Distribution and Poverty in OECD Countries.

OECD Statistics. http://stats.oecd.org/

O'Flaherty, B. & Wu, T.(2006). "Fewer Subsidized Exits and a Recession: How New York City's Family Homeless Shelter Population Became Immense," *Journal of Housing Economics* 15: 99-25.

Quigley, J. M., Raphael, S., & Smolensky, E.(2001). "Homeless in America, Homeless in California," *The Review of Economics and Statistics* 83(1): 37-51.

Sahlin, I.(1998). *The Staircase of Transition, European Observatory on Homelessness*. Department of Sociology, Lund University.

Stephens, M. & Fitzpatrick, S.(2007). "Welfare Regimes, Housing Systems and Homelessness: how are they Linked?" *European Journal of Homelessness* 1: 201-212.

Toro, P. A.(2007). "Toward an International Understanding of Homelessness," *Journal of Social Issues* 63: 461-481.

Tsemberis, S., Gulcur, L., & Nakae, M.(2004). "Housing First, Consumer Choice, and Harm Reduction for Homeless Individuals with a Dual Diagnosis," *American Journal of Public Health* 94(4): 651-656.

Wood, M., Turnham, J., & Mills, G.(2008). "Housing Affordability and Family Well Being: Results from the Housing Voucher Evaluation," *Housing Policy Debate* 19: 367-412.

Wright, J. D., Rubin, B. A., & Devine, J. A.(1998). *Beside the Golden Door: Policy, Politics, and the Homeless*. New York: Aldine de Gruyter.

보건복지부 통계자료, http://stat.mw.go.kr

통계청 Kosis 국가통계포털, http://kosis.kr

제3장

노숙인의 건강과 보건의료

김창엽

1. 머리말

한국과 일본의 보건의료는 여러 측면에서 매우 비슷하다. 특히 보건의료와 건강보장의 제도적 틀은 차이보다는 비슷한 점이 더 많다. 예를 들어 건강보험제도를 보면 관리운영 체계는 서로 다르지만(한국의 단일 보험자체계와 일본의 다 보험자체계) 보험재정, 급여, 진료비 지급방법 등은 사실상 같은 뿌리를 가지고 있다. 나아가 인력과 시설, 체계, 제도와 정책도 비슷한 점이 많다. 뿌리가 같다고 하기보다는 일본 제도가 한국으로 '확산'된 결과라고 하는 편이 정확할 것이다. 보건의료와 연관된 여러 근대적 제도를 일본이 먼저 받아들였고 개화기와 일제강점기에 한반도에 도입되었기 때문이다. 제도뿐 아니라 규범이나 문화, 가치 등도 비슷한 점이 적지 않다. 예를 들어 두 나라 모두 치료방법 중에 약물에 의존하는 비중이 크고 건강검진이 매우 발달해 있다.

보건의료 전반이 그렇다면, 노숙인에 관련된 보건의료도 비슷한 모습을 보일 것으로 예측하는 것이 자연스럽다.[1] 전반적인 보건의료

1 여기서는 엄격하게 정의하지 않고 '노숙인'과 '홈리스'를 같은 뜻으로 사용

와 건강보장제도가 홈리스의 보건의료를 규정하는 일차적인 요소일 것이기 때문이다. 그러나 사회가 홈리스에 반응하는 양상은 제도적 틀에 의해서만 결정되는 것은 아니며, 더구나 거시적 틀 한 가지만으로는 구체적인 모습을 설명할 수 없다. 특히 보건의료는 미시적 수준의 정책이나 제도가 매우 많고 관련된 당사자도 엄청나게 많다. 예를 들어 많은 자원봉사자나 봉사단체가 보건의료와 관련된 일을 하고 그것이 차지하는 비중이 작지 않다. 한국과 일본 모두 민간부문이 발달해 있으므로 그 속에서 다양한 행위자가 '시장적' 행동을 하는 것도 미시적 수준의 다양성을 키운다. 따라서 보건의료 측면에서 한국과 일본의 노숙인을 비교하는 것은 거시적 맥락은 물론이고 구체적인 사건과 사회적 반응이 모두 포함되는 것이 당연하다.

이 연구에서는 주로 발간된 2차 자료를 이용하여 한국과 일본 두 나라 노숙인에서 나타나는 건강과 보건의료의 비슷한 점과 차이를 분석한다. 물론 발간된 2차 자료를 활용한 분석은 한계가 많다. 건강과 보건의료 문제를 구체적으로 포착하기 어렵기 때문이다. 특히 건강수준을 비교하는 것은, 비교의 대상이 국가 수준이라 하더라도 그 의의가 크다고 하기는 어렵다. 기본적으로 생활환경과 삶의 조건이 노숙인의 건강을 결정한다고 할 때 나라마다 이들의 건강이 결정되는 맥락은 매우 다르다. 그뿐만 아니라 노숙인의 특성상 모든 이들의 건강을 파악하기 어렵고, 따라서 조사방법과 결과가 차이가 나는 것은 당연하다. 한마디로 집합적 자료의 의미가 매우 제한된다. 의료이용의 정도나 내용을 비교하는 것도 마찬가지다. 보건의료서비스를 이용하는 것 역시 맥락과 환경에 따라 크게 달라지므로 엄밀하

한다. 그러나 한국과 관련된 내용은 주로 노숙인을, 일본과 관련된 내용은 주로 홈리스를 쓴다.

게 비교의 조건이 갖추어지지 않는 한 비교 분석(comparative analysis)의 의미가 크지 않다.

따라서 2차 자료나 양적 자료를 활용한 비교보다는 건강과 보건의료를 어떻게 인식하고 어떤 사회적 반응이 나타나는가 하는 것이 비교의 가치가 더 크다. 이 역시 사회적 환경과 맥락에 따라 달라지지만, 이러한 비교는 제도와 정책의 차이를 설명하는 중요한 실마리를 제공한다. 국가 간 비교가 초점을 맞추어야 하는 것은 당연히 이러한 측면이 되어야 할 것이다. 그러나 개인의 인식과 행동, 문화, 사회적 반응을 비교 분석의 관점에서 포착하기 위해서는 많은 개별 연구와 분석이 필요하다. 유감이지만 아직은 한국과 일본 모두 이런 조건이 갖추어지지 않은 것으로 보인다.

따라서 이 연구에서는 두 나라를 비교하는 초점을 주로 보건의료에, 그리고 그중에서도 구조로서의 제도와 정책에 두고자 한다. 건강과 보건의료 이용의 실태도 포함되지만, 이는 제도와 정책을 이해하는 전제 조건과 환경으로서의 역할에 그친다.

2. 노숙인의 건강비교

노숙인의 건강이 나쁘다는 것은 당연하다. 노숙과 건강은 양 방향의 관계를 맺는데, 건강이 나쁜 사람이 노숙인이 될 가능성이 높고, 반대로 노숙 상태가 건강을 더 나쁘게 하기도 한다. 이 때문에 실제 노숙생활이 건강을 얼마나 어떻게 나쁘게 한지를 실증적으로 밝히기는 쉽지 않다. 노숙에 진입하는 시점에 이미 건강이 나쁜 사람이 많기 때문이다. 노숙이라는 요인만으로 건강이 얼마나 나빠지는지를 파악하기 위해서는 노숙인을 추적 관찰해야 하지만 노숙인의 특성상 기대하기 어렵다. 노숙인의 건강을 분석, 해석하는 데에는 이런 한계를 고려해야 한다.

어떤 조건이든 노숙인의 건강을 대표하는 건강지표는 사망이다. 사망은 측정과 판단이 명확하므로 추세를 파악하거나 다른 집단과 비교할 때 좋은 지표로 쓰인다. 그러나 극단적으로 나빠진 건강상태의 결과 사망이 초래되기 때문에 사망률이나 사망원인은 노숙인의 건강을 설명하는 일부일 뿐이다. 건강을 단지 이분법적 현상(완전한 건강과 죽음)으로 볼 수 없다면, 죽음에 이르지 않을 정도의 건강 변화를 파악하는 데에는 사망 이외의 다른 기준이 필요하다.

쉽게 예상할 수 있듯이, 어느 사회든 노숙인은 일반인보다 사망률이 높고 사망의 원인도 다르다. 한국에서 노숙인의 사망실태를 가장 체계적으로 분석한 것은 주영수의 연구이다(주영수, 2011). 그는 노숙인시설 입소자의 등록자료와 통계청 사망자료를 이용하여 노숙인의 사망을 분석하였다. 1998년부터 2009년까지 23,002명의 노숙인 중 사망자는 2,966명(12.9%)으로 나타났다. 남성 노숙인 22,148명 중 2,923명이 사망하였고, 여성 노숙인 854명 중에서는 43명이 사망하였다. 사망률을 표준화시켜서 남성 일반인구 집단과 비교하면 사망비(mortality rate ratio)가 최소 1.5배에서 최대 3.2배까지 높다. 또한 생존율을 기준으로 하면, 노숙생활 시작 7년 후에는 전체 남성 노숙인의 90%만 생존하는 것으로 나타난다.

연도별로 차이가 있지만 중요한 사망원인은 대체로 손상, 중독, 외인성 질환 등이다. 그 외의 사망원인으로는 간 질환, 악성종양, 순환기계 질환, 기타 질환, 감염성 질환 등이 순서대로 나타난다. 일반인구에서 악성신생물(암), 뇌혈관 질환, 심장 질환이 중요한 사망원인인 것과 비교하면 노숙인의 죽음에는 질병보다는 손상, 중독, 외인성 질환 등 외부적 요인이 더 크게 작용하는 것을 알 수 있다.

앞에서 말한 대로, 일반적인 건강상태는 사망보다 유병(이환) 상태가 더 잘 반영할 수도 있다. 유병 상태를 나타내는 대표적인 건강지표는 발생률과 유병률이다. 발생률은 일정한 기간 새로운 환자(질병)가 얼마나 생겼는가를 나타내고, 유병률은 일정한 사람 중에 환자인(질병이 있는) 사람이 얼마나 되는가를 나타낸다. 따라서 두 가지 지표가 모두 질병의 현황과 건강상태를 나타내기는 하나 그것이 가지는 뜻은 다르다. 급성 질환이나 손상은 발생률에 비해 유병률은 낮고, 만성질환은 유병률이 높다는 특성이 있다. 대체로 발생률이 높은 질병은 예방이나 조기 치료가 중요한 반면, 유병률이 높은 질병은 장기적인 관리가 중요하다는 것도 차이가 난다.

한국의 여러 연구에서 공통으로 나타나는 노숙인의 주된 건강문제는 알코올 중독, 만성병, 감염병 등이다. 2000년 희망의 집 입소자 246명을 대상으로 한 조사에서는 고혈압, 당뇨, 매독의 유병률과 B형 간염의 보균율이 일반 인구에 비해 훨씬 높았다(송홍지, 2000). 하지만 이 연구에서 노숙인 건강상태는 노숙 기간에 따라 큰 차이가 없었다. 유인술과 이석우(2002)는 대학병원 응급실을 방문한 215명의 행려병자를 대상으로 인구학적 정보와 의학적 정보를 분석하였는데, 이들의 건강문제 중 가장 중요한 것은 알코올 중독이었다. 박형숙과 여순자의 연구(2004)에서는 성인 남성 노숙인 153명을 분석하였는데, 신체적 건강은 비교적 좋았으나 우울의 정도가 높았고 자존감이 낮았다. 윤창교의 연구(2011)에서는 노숙인의 고혈압, 당뇨병 유병률(설문을 통한 의사진단 경험률을 기준으로 함)이 일반 인구에 비해 1.5배에서 2배 이상 많았다. 심근경색은 노숙인에서 보고된 비율이 4.9%인 데 반해 2009년 서울시의 결과는 1.0%로, 노숙인에서 5배가량 높았다.

사망이나 유병과 달리 전반적인 건강상태로 건강수준을 파악하는 방법도 있다. 흔히 '주관적' 건강상태라고 하거나 '자가보고(self report)'에 기초한 건강상태라고 표현하는 것이 여기에 속한다. 이런 전반적 건강상태는 개인 수준에서 구체적인 개입을 하기 어렵다는 단점이 있으나 집단의 건강수준, 특히 장기적인 건강결과를 파악하는 데에 도움이 된다. 예를 들어 주관적 건강상태가 낮은 집단을 오랜 기간 추적하면 그렇지 않은 집단에 비해 사망률이 높다는 것은 잘 알려져 있는 사실이다.

윤창교의 연구(2011)에서 파악한 노숙인들의 주관적 건강수준은 '좋음/매우 좋음'이 23.6%로 나타나서 일반 국민의 43.4%에 비해 상당히 낮다. 또한, 오늘의 건강상태는 19세 이상 일반 인구집단에서는 74.4점인 데에 비해 노숙인은 60.1점 수준이다. 전체적으로 노숙인들의 주관적인 건강수준은 일반 인구집단의 평균적인 수준에 미치지 못한다. 전반에 걸쳐 일본 홈리스의 건강도 한국과 별 차이가 없다. 노숙인이 처한 조건에 따라 건강수준과 건강문제의 성격이 결정되기 때문이다. 일상적 삶과 생활환경, 물질적 조건이 비슷하다면 그 결과로서의 건강에 차이가 크게 날 수 없다.

우선, 사망의 수준과 양상으로 파악한 일본 홈리스의 건강수준은 한국과 매우 비슷한 모습을 보인다. 2001년 11월부터 2002년 6월까지 오사카의 홈리스 사망사를 분석한 결과 표준화 사망비는 일본 전체 남성의 사망률에 비해 3.6배 높았다(逢坂 외, 2007). 사망할 때의 평균연령은 56.2세였고, 사망원인은 병사 59%, 자살 16%, 외인사 15%, 타살 2% 등의 분포를 보였다. 병사의 원인은 심장질환, 간염과 간경화, 폐렴, 폐결핵, 뇌혈관질환, 영양실조, 암 등의 순서로 나타났다.

일본 홈리스의 건강상태 역시 한국과 큰 차이를 보인다고 하기는 어렵다. Takano 등이 1992년부터 1996년까지 도쿄의 쉼터(shelter) 홈리스 1,938명을 대상으로 조사한 결과 홈리스는 일본 남성들의 평균에 비해 높은 수준의 주관적 불건강(illness)과 현저히 높은 수준의 질병

이환 수준을 나타내었다(Takano et al., 1999). 알코올 정신증과 알코올 의존 증후군이 간 질환 혹은 폐 질환과 동반되는 경우가 일본 남성 평균보다 유의하게 더 높았다. 홈리스 중 현재 건설일용직에 종사하는 사람은 폐결핵이나 등 척추질환(dorsopathy)에 이환될 확률이 다른 직업의 비해 각각 2.0배, 1.4배 정도 더 높은 것으로 나타났다. 이들에게 두드러지게 많은 질환은 알코올 정신증/알코올 의존 증후군, 간 질환, 폐결핵, 당뇨, 골절, 탈구, 염좌, 좌상, 고혈압, 뇌혈관질환 등이었다. 주관적 건강상태는 조사에 따라 한국보다 더 좋은 것으로 나타나는 경우도 있으나 조사방법의 특성상 크게 의미를 두기는 어렵다. 鈴木의 연구(2007)에서는 도쿄의 홈리스를 대상으로 조사한 결과 '건강이 항상 좋다'가 45.5%로 나타났다. 또한 2007년 정부가 실시한 전국조사에서는 '몸이 좋지 않다'고 응답한 홈리스가 전체의 50.2% 수준이었다(厚生労働省, 2008).

이상에서 건강과 보건의료 이용 측면에서 한국과 일본의 노숙인 사이에는 차이보다는 공통점이 더 많다. 사망률이 일반 인구보다 높고, 사망원인은 외상, 자살, 중독 등 외부적 요인이 많다. 질병 중에는 알코올과 관련된 질환, 간과 폐 질환 등이 많고, 주관적 건강상태도 일반 인구보다 낮은 수준이다.

3. 노숙인의 보건의료 ― 미충족 필요

보건의료 이용이 적절한가를 판단하는 데에 기본이 되는 것은 그 이용을 정당화할 만한 '필요(need)'이다. 즉, 필요한 보건의료 이용이 제대로 이루어졌는지가 의료이용의 적절성을 판단하는 핵심이라 할 수 있다. 그러나 노숙인의 보건의료 이용이 적절했는가를 판단하는 것은 매우 어렵다. 필요를 명확하게 계량화하기 어렵기 때문이다. 흔히 전문 의료인이 객관적으로 판단하는 건강상태나 질병의 유무를 필요라고 하는 경우가 많지만, 이것으로는 충분하지 않다. 의료를 필요로 하는 상황이 이분법적이 아니라 상당한 회색지대가 존재한다는 것도 어려운 점이다. 이런 이유 때문에 전문가의 객관적 판단에 따른 필요 이외에 다른 방법을 보완적으로 활용하는 경우가 많다. 대표적인 것이 자가 판단을 기초로 "필요한 때 보건의료 이용을 못한 경우가 있는가" 식으로 물어서 "미충족 필요(unmet need)"를 파악한다. 물론 이런 방법도 응답이 주관적이라는 한계를 완전히 벗어나기는 어렵다.

충분히 예상할 수 있지만, 한국과 일본 모두 필요할 때 제대로 보건의료서비스를 받지 못하는 노숙인의 비율이 높다. 한국의 경우 유인술과 이석우의 연구(2002)에서는 의료비 지불 문제가 발생하는 빈도가 높았으며, 이러한 요인들로 인해 행려환자들은 충분한 의료서비스를 받고 있지 못하였다. 윤창교의 연구(2011)에서는 비거리노숙인일수록, 보건의료서비스에서 차별받은 경험이 있을수록, 그리고 동반질환이 많을수록 미충족 필요가 큰 것으로 나타났다. 특징적인 것은 거리노숙인에 비해 비거리노숙인이 미충족 필요가 더 많다는 것으로, 이는 일반적인 예상과는 다른 것이다. 노숙인들 사이에서 건강과 의료이용을 다르게 생각할 가능성이 있다는 것을 뜻한다.

일본 홈리스의 미충족 필요 역시 매우 높은 수준이다. 2007년 정부의 전국조사에서는 홈리스 중 몸이 아파도 제대로 치료를 받지 못한다고 답한 비율이 65.7%였다(厚生労働省, 2008). 그 이전인 2003년 전국 조사(전체 2,163명)에 따르면 1,047명(48.4%)가 현재 아픈 상태를 경험하고 있었고, 그중 324명(31.6%)만 의사에게 진료를 받거나 약을 복용할 기회가 있었다(Kakita, 2004). 반면 701명(68.4%)은 어떠한 종류의 의료

이용도 하지 않았다고 응답해서 필요한 때 보건의료서비스를 이용하지 못하는 미충족 필요가 매우 높은 수준으로 나타났다. 상당한 미충족 필요가 있다는 것 이외에 구체적인 비율을 비교할 필요는 없을 것으로 보인다. 이미 지적한 방법론의 문제 이외에도 어떤 상황에서 어떤 홈리스를 대상으로 했는지에 따라 미충족 필요는 크게 달라질 수밖에 없다.

4. 체계의 유사성과 그 기원

한국에서 노숙인의 보건의료를 지원하는 정책과 제도의 뼈대는 2012년부터 시행하고 있는 「노숙인 등의 복지 및 자립지원에 관한 법률」이라고 할 것이다. 이 법안에 명시된 보건의료 지원방식은 다음과 같다.

① 국가와 지방자치단체는 노숙인 등에게 필요한 의료서비스를 제공하기 위하여 노숙인 진료시설을 설치·운영할 수 있다.

② 국가와 지방자치단체는 국공립병원, 보건소 또는 민간의료기관을 노숙인 진료시설로 지정할 수 있다.

③ 국가와 지방자치단체는 전문적인 처치와 수술 등을 필요로 하는 노숙인 등에 대한 전문 의료서비스의 제공을 국공립병원, 보건소 또는 민간의료기관에 의뢰하거나 위탁할 수 있다.

④ 국가와 지방자치단체 외의 자는 보건복지부령으로 정하는 바에 따라 노숙인 진료시설을 설치·운영할 수 있다.

⑤ 노숙인 진료시설의 설치·운영 및 지정기준 등 노숙인 등에 대한 의료지원에 필요한 사항은 보건복지부령으로 정한다.

이 법에서 규정하고 있는 핵심은 국가와 지방자치단체가 국공립 병원, 보건소, 민간의료기관 등을 노숙인 진료시설로 지정하여 운영하고, 진료체계는 의료급여에 따르게 되어 있다. 이는 기본적으로는 그동안의 접근과 크게 다르지 않다.[2]

2012년 현재 이 제도가 어떻게 작동되는가를 평가하기는 아직 이르다. 2012년 7월 현재 진료시설로 지정된 곳은 국공립 17개소, 보건기관 230개소 등이고, 민간기관은 한 곳도 없다. 국·공립 기관을 보면 서울(8개소)을 제외하고는 지정기관이 한 곳도 없는 광역자치단체가 9개에 이른다. 부산과 대구에 1개소씩 있을 뿐이고 인천, 광주, 울산에는 아예 한 곳도 없다. 보건기관(보건소)은 간단한 일차진료만 할 수 있다는 점을 고려하면 아직 새로운 보건의료체계가 구축되었다고 보기는 어렵다.

노숙인에게 보건의료를 제공하는 체계는 기존 건강보장(건강보험과 의료급여)의 뼈대를 그대로 따른다. 서울시를 기준으로 하면 2012년 현재 1차 의료는 서울역 진료소와 보건소에서 담당하고 있고, 지정된 2, 3차 의료기관으로 의뢰할 수 있다. 쉼터나 상담보호센터의 노숙인은 시설에서 의료서비스 의뢰서를 발급하면 지정된 1차 의료기관을 이용한 뒤 다시 2차 의료기관을 이용하게 된다. 2차 의료기관은 시립동부병원 등 6개 국공립기관, 3차 의료기관은 국립중앙의료원이 지정되어 있다.

서비스와 급여는 사실상 의료급여와 거의 같다. 노숙인 자활시설

2 예를 들어 시설은 서울시의 경우 2011년 무료 진료소 1곳, 병원과 약국 58곳, 보건소 25곳을 노숙인 지정 의료기관으로 운영하였고, 무료 진료소는 전국적으로 서울, 부산, 대구, 대전에 각 1개소씩 설치되어 운영되었다(보건복지부, 2011). 또한 이들 무료 진료소와 노숙인시설에 공중보건의 5명 및 촉탁의 20명을 배치하였다.

과 일시보호시설 입소자 중 의료서비스가 필요하면 지정의료기관에 신청한 후 '노숙인 1종'으로 분류되는 노숙인 의료급여를 받게 된다(2012년 6월 이후). 본인 부담은 없지만, 기존 의료급여에서 직접 부담해야 하는 항목(비급여 포함)은 노숙인 본인이 직접 부담해야 한다. 현재 제도로는 비급여 항목의 비용을 노숙인에게 부담시키기 때문에 사실상 이들 항목은 노숙인이 이용할 수 없는 서비스가 된다. 기존 건강보장체계에서 비급여로 분류된 항목 중 치료에 필수적인 것(예를 들어 초음파, 의치)도 적지 않다는 점을 고려할 때 현재 노숙인은 실제 필요한 서비스를 모두 받을 수 없는 상태이다.

한국과 비교하여 일본의 노숙인 대책에는 보건의료를 위한 별도의 제도를 마련하고 있지 않다. 2002년 제정된 「홈리스 자립지원을 위한 특별조치법」(이하 「홈리스특별법」)에는 제3조에서 보건 의료의 확보 등이 필요하고 이를 지원해야 한다고 추상적으로 규정하였다. 그러나 홈리스 지원 정책에는 중앙정부와 지방정부가 공동으로 책임을 진다고 명시하였고, 특히 구체적인 사업의 시행에는 지방정부의 책임이 크다.

별도의 제도는 아니지만, 일본 역시 홈리스의 의료보장이 공공부조제도에 긴밀하게 연계되어 있다는 공통점을 가진다. 그중에서도 일본의 지방정부는 홈리스에게 필요한 의료를 제공하기 위해 의료부조(생활보호에 속함)를 적극적으로 활용한다. 생활보호법 제73조에서 홈리스 등 주소가 일정치 않은 사람에게 의료부조를 제공할 수 있다는 것을 근거로 한 것이다. 특히 「홈리스특별법」 시행 이후에 생활보호제도를 적극적으로 적용하고 있다는 점에서(김수현, 2010), 홈리스 대책에서 의료부조는 중요한 구성요소이다. 전국적 통계는 없지만, 도쿄도의 경우 2004년 의료부조의 입원비 중 약 44%가 이 경우에 해당하는 것이었다(鈴木, 2006). 그러나 전체적으로 볼 때 의료부조로 홈리스의 보건의료를 해결하는 것은 한계가 많다. 일본에서 생활보호 대상자의 파악률은 10% 내외로 알려져 있다(民医連新聞, 2011). 부양 의무자의 조건, 신청의 원칙, 열악한 생활보호시설로 인한 기피 등이 복합적으로 작용한다. 의료부조라는 기존 정책을 활용하는 한 이런 낮은 포착률의 문제는 여전히 남아 있을 수밖에 없다. 한국에서 노숙인에게 별도로 노숙인 의료급여를 적용하는 것은 일본에 비하면 노숙인이 의료급여 대상자로 좀 더 쉽게 인정받을 수 있게 한 조치라고 할 수 있다.

지방정부의 건강과 보건의료지원 정책은 매우 다양하다. 중앙정부의 지침에 근거하더라도 건강진단, 보건소 등의 창구와 순회를 통해 혈압측정, 소변과 혈액검사, 건강상담, 건강정보 제공 등이 포함된다(厚生労働省, 2012). 중앙정부의 2012년 해당 예산 총액이 500만 엔(전체 예산은 약 30억 엔)을 약간 넘는 수준이어서 대부분 책임이 지방정부에 맡겨 있다는 것을 알 수 있다. 홈리스가 많은 대도시인 오사카의 경우 순회 건강상담, 질병의 발견과 치료, 자립지원센터의 보건의료 확보 등을 중점적으로 추진하고 있다.

이상에서 한국과 일본의 노숙인 보건의료 대책을 개략적으로 살펴보았지만, 기본 원리와 접근에서는 '대농소이' 이상의 큰 차이를 발견하기 어렵다. 핵심적인 유사성은 두 나라 모두 병원 이용을 중심으로 한 최소한의 의료 필요를 충족시키는 것에 중점을 둔다는 것이다. 노숙인의 건강상 필요는 일반 인구에 비해 매우 크고 복합적이다. 그러나 보건의료는 이들의 필요에 기초해 있지 않고 겉으로 드러나는 '문제'에 대응하는 것을 넘어서지 못한다. 급성기, 주관적 증상이 명확한 질병, 손상 등을 '처리'하는 데에 급급한 것이다. 노숙인의 건강을 보는 시각은 전적으로 외부적인 것으로 이들의 질병은 '관리해야 할 사회문제'로 간주되고 그중에서도 가시성(visibility)과 밀접한 관련이 있다. 노숙인의 건강문제가 가시적일수록 대책은 명확하고 적극적이다.

이러한 접근방법은 노숙인 대책의 일차적 관심이 '자립'을 초점으로 한다는 점과도 연관된다. 한국과 일본 모두 노숙인은 기본적인 인권과 생활이 보장되어야 할 대상이라는 시각보다는 재활을 통해 노동시장에 참여하여 자립하여야 하는 존재이다. 앞에서 언급한 사회문제로서의 노숙인과도 연관된 시각이다. 이런 관점에서 보면 노숙인의 건강과 보건의료는 자립과 관계가 없는 정도 안에서는 적극적인 고려의 대상이 되지 못한다.

이상과 같은 틀에서 노숙인 문제를 보게 되는 경우 건강과 보건의료에 접근하는 틀은 기본적으로 문제를 해결하는 보완적인 대책을 넘기 어렵다. 구체적이고 미시적인 차이가 있지만, 이런 점에서 두 나라가 보이는 대책은 매우 비슷하다.

첫째, 두 나라 모두 노숙인의 건강문제를 매우 좁게 정의하고, 의료서비스 중심의 시각을 벗어나지 않는다. 그나마 알코올 문제와 정신질환은 대중과 사회의 관심이 쏠리기 쉬우므로 단편적이더라도 대책을 마련하는 경향이 있다. 그러나 일반적으로 말하는 포괄적인 건강관리—예방, 건강증진, 조기발견과 조기치료, 재활로 이어지는—는 전혀 관심 대상이 되지 못한다.

둘째, 체계화, 제도화의 수준이 매우 낮다. 의료급여와 의료부조에서 확대되거나 통합된 것은 2차 수준 이상의 진료 서비스 일부에 그친다. 대부분 건강, 보건의료 관리는 의사결정 참여자와 시기, 사회적 환경에 따라 매우 불안정하고 변화가 심하다. 예를 들어 경제위기 등으로 사회적 관심이 커졌을 때는 적극적인 대책을 세웠다가도 그 시기가 지나면 강도가 크게 약화되는 것을 흔히 볼 수 있다. 자원봉사와 자선 차원에서 민간이 큰 역할을 하는 것도 마찬가지로 해석할 수 있다(Ohtsu et al., 2011). 이러한 낮은 제도화 수준은 노숙인 문제를 보는 시각과 크게 관련이 있는 것으로 보인다. 즉, 한국과 일본 모두 낮은 수준의 복지국가 발전단계에 있고, 노숙인 문제는 일시적이고 부분적인 사회문제로서의 성격을 넘어서지 못하고 있는 것이다.

셋째, 기본적 서비스를 제공하는 데에 급급할 뿐 서비스의 질이나 노숙인의 처우, 차별 등은 이차적인 수준에 머물러 있다. 의료급여와 의료부조의 차별과 오명 문제는 과거부터 지적되어 온 것이지만, 특히 노숙의 문제에서는 이런 문제가 더욱 심각하게 나타난다. 한국의 노숙인 진료에서 비급여가 제외된 것에서도 알 수 있듯이 의료서비스의 질도 가볍지 않은 문제이다. 그러나 이들 문제는 흔히 '기본'이나 '최소한'을 넘는 과제로 받아들이는 경향이 강하다.

다음으로, 더 큰 틀에서 사회보장 또는 복지체계와의 연결이 느슨하다. 사회보장과 복지체계를 강화함으로써 노숙인의 건강과 보건의료 문제를 해결할 수 있는 공간이 있지만, 이런 관점에서의 접근은 매우 빈약하다. 예컨대 2002년 오사카 현에서 조사한 결과로는 노숙 이전 이미 사회보장에서 제외되어 있었던 사람이 전체의 50% 이상이었다. 또한 (다른 조사에서) 노숙에 진입한 원인을 물은 결과 질병, 상해, 고령으로 일할 수 없게 된 것이 이유라고 한 응답이 전체의 18.8%를 차지하였다(Kakita, 2004). 이러한 결과들은 사회보장과 복지체계 — 보건의료와 비용 — 노숙인 등이 서로 밀접하게 연결되어 있다는 것을 뜻한다. 또한 응급치료를 받고 난 이후 퇴원하는 노숙인을 주거 등 다른 복지서비스와 연계하는 것도 매우 중요한 과제이다(垣田, 2009). 그러나 건강과 보건의료에 대응하는 접근법에서는 이러한 연결고리(chain)가 거의 고려되고 있지 않다.

마지막으로 건강과 보건의료에 영향을 미치는 '사회적 결정요인(social determinants)'은 거의 고려대상이 아니라는 점이 공통적으로 나타난다. 노숙인의 건강과 보건의료에는 주거는 물론이고 소득, 노동, 물리적 환경, 사회적 관계 등 사회적 요인이 결정적으로 중요하다. 문제의 예방에도 그렇지만 문제를 해결하는 과정에서도 사회적 요인이 큰 역할을 한다. 예를 들어 폐결핵의 발병과 악화, 치료는 이런 사회적 결정요인을 빼고 설명하기 어렵다. 사회적 결정요인을 고려하면 접근방법은 흔히 종합적이고 포괄적인 형태를 보이게 된다. 즉, 노숙인의 건강 대책과 주거, 소득, 고용 등의 문제가 결합하게 되는 것이다.

이상과 같은 특성이 한국과 일본에서 공통으로 나타나는 것은 노숙인의 건강을 이들이 가진 보편적인 건강권의 시각에서 보지 않기 때문이다. 원칙적으로 건강권은 현재의 처지와 그 이유와 관계없이 모든 사람에게 적용되는 것이다. 그러나 현실적으로 노숙인에게 건강과 보건의료는 여전히 '도와줄 만한(deserving)' 집단을 대상으로 하는 것에 머물러 있다(김수현, 2010).

5. 맺음말

지금까지 주로 2차 자료를 활용하여 한국과 일본 노숙인의 건강과 보건의료 이용, 그리고 이와 관련된 정책과 제도를 살펴보았다. 환경과 맥락이 다르므로 특히 건강과 보건의료의 여러 영역에서 차이가 드러나는 것은 불가피하다. 그러나 제도와 정책으로 노숙인 문제에 접근하는 데에서는 적어도 전체 틀에서는 큰 차이를 보이지 않는다는 것을 밝혔다.

한일 두 나라의 유사성은 크게 두 가지 측면에서 비롯된 것으로 이해할 수 있다. 첫 번째는 앞에서 지적한 것과 마찬가지로 노숙인의 건강이 하나의 권리로서 인정되지 않는다는 것이다. 노숙인의 질병과 불건강은 눈에 보이는 사회적 문제로서 이해되는 측면이 더 강하다. 두 번째는 상대적으로 민간이 압도적으로 중요한 역할을 하는 보건의료체계를 갖고 있다는 점이다. 이런 제도적 환경에서는 노숙인에게 보건의료서비스를 제공하기 위해서는 보건의료에 필요한 재원과 서비스 제공자 모두 전체 보건의료와 분리된 별도의 체계를 만들어야 한다. 의료급여와 의료부조, 민간 보건의료의 부분적 참여, 민간의 자선과 자원봉사 등은 모두 이러한 보건의료체계의 기본적 특성에서 비롯된 것이다.

참고문헌

김수현(2010).「일본과 한국의 노숙인 비교」,『서울도시연구』11(1): 139-159.

김수현·하성규·서종균 외(1999).『노숙자 재활프로그램 개발 연구』, 한국건설기술연구원.

박형숙·여순자(2004).「쉼터 노숙자의 건강상태에 관한 연구」,『지역사회간호학회지』15(4): 655-665.

보건복지부(2011년 6월 3일).「'노숙인 등의 복지 및 자립지원에 관한 법률' 공포」, 보건복지부 민생안정과 보도자료.

송홍지·조종희·강재헌·황원석·한혜경(2000).「서울 지역 일부 노숙자들의 건강상태 및 행태」,『가정의학회지』21(3): 357-366.

유인술·이석우(2002).「응급센터 행려환자의 실태와 처리에 관한 연구」,『대한응급의학회지』13(2): 169-174.

윤창교(2011).「도시 노숙인의 의료서비스 이용 및 건강보장 수준 조사」, 서울대학교 보건학 석사학위논문.

주영수(2011).『1998-2009 노숙인 사망경향 분석』, 홈리스연구회.

民医連新聞(2011年3月7日).「路上生活者に多数の精神疾患」1495号.

逢坂隆子·高鳥毛敏雄·黒川渡 외(2007).「大阪におけるホームレスへの健康支援ー社会医学を学ぶ者たちの実践的研究」,『社会医学研究』25: 15-28.

鈴木亘(2006).「医療扶助の適正化と改革のあり方に関する一試論」,『季刊 shelter-less』30: 125-137.

鈴木亘(2007).「ホームレスの労働と健康, 自立支援の課題」,『日本労働研究雑誌』563: 61-74.

垣田裕介(2009).「流動化社会のなかのホームレス的貧困と医療·福祉」,『大阪保険医雑誌』4月号: 39-42.

厚生労働省(2008年7月31日). 「ホームレスの自立の支援等に関する基本方針」.

厚生労働省(2012). 「ホームレス対策について」, 厚生労働省社会·援護局地域福祉課.

Kakita Y.(2004). "Homeless People in Japan: Characteristics, Processes and Policy Responses," *Shidai Shakaigaku* 5: 7-20.
(http://www.lit.osaka-cu.ac.jp/soc/zasshi/No.5kakita.pdf)

Kakita Y. & Yoshinaka T.(2003). "General Characteristics of Rough Sleepers through the 'National Survey of Homeless People in Japan'," Paper presented at the Third East Asian Regional Conference in Alternative Geography) in Tokyo.
(http://www.lit.osaka-cu.ac.jp/geo/mizuuchi/japanese/material/Kakita_Yoshinaka.pdf)

Ohtsu T., Toda R., & Shiraishi T. et al.(2011). "Living Conditions, Ability to Seek Medical Treatment, and Awareness of Health Conditions and Healthcare Options among Homeless Persons in Tokyo, Japan," *Acta Medica Okayama* 65(6): 387-393.

Takano T., Nakamura K., Takeuchi S., & Watanabe M.(1999). "Disease patterns of the homeless in Tokyo," *Journal of Urban Health* 76(1): 73-84.

Toro P. A., Trickett E. J., Wall D. D., & Salem D. A. 1991. "Homelessness in the United States: An ecological perspective," *American Psychologist* 46(11): 1208-1218.

제4장

노숙인 지원의 교육적 접근*

민간단체 활동 비교

강대중 · 박지숙 · 김의태

1. 머리말: 노숙인 지원의 교육적 접근

한국사회에 노숙인 문제는 1997년 외환위기와 더불어 등장하였다. 노숙인의 등장은 당시 외환위기의 사회적 심각성을 단적으로 보여주는 사건이었다. 각종 매체에 노숙인들의 비극적인 생활상이 보도되면서 여러 단체가 응급보호와 의료서비스를 제공하기 시작하였다. 정부는 서울역 등 노숙인이 밀집해 있는 주요 도시의 기차역을 거점으로 활동하는 지원 단체들에 재정적 지원을 하고, 노숙인을 위한 안전망을 구축하기 위해 관련 사업을 위탁하였다. 한국 경제가 외환위기를 벗어난 지 오래되었지만, 노숙인 문제는 계속되고 있다. 시설입소자를 포함한 노숙인 숫자는 2000년 이후 4,500~5,000명 수준을 꾸준히 유지하고 있다(구인회·김소영·유야마 아쓰시, 2012). 2010년 10월 20일과 10월 27일 서울, 부산, 대구, 대전, 천안, 강릉 등 6개 도시에서 조사된 거리노숙인 숫자도 각각 1,516명과 1,458명에 달하였다(서종균, 2011).

한국보다 경제 규모가 큰 일본도 노숙인 문제가 여전하다. 2011

* 이 논문은 강대중·박지숙·김의태(2013)를 수정 보완한 것임.

년 현재 일본의 노숙인 숫자는 12,848명이다(구인회·김소영·유야마 아쓰시, 2012). 일본은 2002년 「홈리스 자립지원을 위한 특별조치법」(이하 「홈리스특별법」)을 10년 한시법으로 제정하여 노숙인 문제 해결에 나선 바 있다. 그 결과 2003년 2만 5,296명에 달했던 거리노숙인의 숫자는 많이 감소하였지만, 노숙인 문제는 완전히 해소되지 않고 있다. 도심지에 있던 단신(單身) 일용직 노동자들의 임시주거지역이 산업구조의 변화와 경제 불황으로 인해 노숙인 밀집지역으로 변하면서 노숙인 문제가 고착화된 것이다. 일본에도 도쿄 등 대도시를 중심으로 노숙인을 지원하는 민간단체의 활동이 활발하다. 2010년에는 64개 노숙인 지원 단체가 〈특정비영리활동법인 홈리스지원 전국네트워크(NPO法人 ホームレス支援全国ネットワーク)〉(이하 〈홈리스지원 전국네트워크〉)라는 연합 단체를 결성하기도 하였다.

구인회·김소영·유야마 아쓰시(2012)는 노숙인 문제에 대한 보다 풍부한 이해와 대책 마련을 위해서는 국가 간 비교 연구가 필요함에도 한국에서 발표된 비교 연구가 소수에 불과하며, 주로 개별 국가의 노숙인 문제와 정책을 소개하는 연구가 다수라는 점을 지적하고 있다. 이 연구는 한국과 일본의 노숙인 문제 특성을 복지제도와 주거정책, 정부의 노숙인 정책이라는 제도적 측면에서 분석하여, 두 나라 모두 중고령 단신 남성의 비중이 높은 특성이 있다고 보고하고 있다. 이는 젊은 층의 노숙 문제나 노숙인 가족과 자녀 문제가 주목받는 서구와는 뚜렷이 구분된다. 그리고 서구 선진국과 달리 한국과 일본 모두 기업에 고용된 정규직을 중심으로 사회복지가 집중되는 특성이 있고, 정부가 빈곤계층에 대한 효과적인 주거지원을 하지 못하여 노숙인 문제가 심화되었다고 진단하였다. 김수현(2010) 또한 한국과 일본에는 고령 노숙인의 비중이 크다는 사실을 지적하면서 국가보호시설의 미비, 공공부조제도의 취약성 등이 빈곤 노인을 거리로 내모는 결과를 초래했다고 비판하였다. 특히 그는 이런 현상에는 국가복지 수준은 낮은 반면 가족복지 의존성이 높은 동북아시아 국가들의 유교적 복지체제의 한계가 반영되어 있는 것으로 진단하였다. 노숙인 복지정책과 관련하여 한국의 경우 노숙인을 쉼터로 수용하는 등 시설보호 위주의 소극적인 주거지원 정책을 펼친 반면, 일본은 2000년대 중반을 거치면서 주거우선 전략에 바탕을 둔 생활보호제도의 주거부조를 적극 활용하였다는 점에서 차이를 보인다. 그 결과 한국은 탈노숙의 성과가 적고 상대적으로 거리노숙이 증가되는 양상을 보인 반면, 일본은 거리노숙인의 수가 빠르게 감소하는 경향을 보였다(구인회·김소영·유야마 아쓰시, 2012).

노숙인 지원 정책의 성과가 있었음에도 불구하고 한국과 일본 모두 노숙인 문제가 장기화·고착화되고 있다. 고용불안, 불우한 가정환경, 이혼과 가출 등 가족해체, 사고로 인한 노동 능력 상실, 알코올 중독, 도박 중독, 정신질환 등 노숙에는 개인적 요인과 사회적 요인이 복합적으로 작용한다(신명호, 2011). 이 복합적 요인으로 인해 일단 거리로 나온 노숙인은 적극적인 외부 지원 없이는 노숙 생활에서 벗어나기가 사실상 어렵다. 이러한 점에서 장기화된 노숙인 문제 해결을 위해 응급 진료나 잠자리 제공 등 긴급구호나 한시적인 공공일자리 제공을 넘어서는 접근이 요청된다. 그 가운데 노숙인들이 자립 의지를 키울 수 있는 지속적이고 장기적인 교육적 지원의 필요성이 제기되고 있다(강대중, 2012; 김의태·강대중, 2012; 성프란시스대학 인문학과정, 2012; 신명호, 2012; 임철우·우기동·최준영, 2008). 이와 관련하여 한국의 대표적인 노숙인 지원 단체로서 서울시의 노숙인 지원 사업을 위탁 운영하는 〈서울특별시립 다시서기상담보호센터〉(이하 〈다시서기센터〉)의 오랜 경험과 다양한 교육적 실천은 주목할 만하다. 〈다시서기센터〉는 노숙인의 자립과 자활을 위해 신용회복, 취업 및 면접기술, 재활치료 등 특강 형식의 다양한 노숙인 대상 교육을 펼쳐왔다. 특히 단발성의 동기부여로 그치지 않고 노숙인의 자립의지를 고취하기 위해 1년이라는 비교적 장기간에 걸쳐 진행되는 교육프로그램들도 운영하고 있다. 2005년부터 시작된 「성프란시스대학 인문학과정」(이하 「인문학과정」)과 2011년부터 시작된 「노숙인과 함께하는 시민연극 프로그램」(이하 「시민연극 프로그램」)이 여기에 해당된다. 이들 교육프로그램을 거친 노숙인들의 실질적인 변화는 여러 언론과 방송 매체를 통해 전해지고 있다. 일본의 경우에는 노숙인 지원 단체들을 중심으로 취업과 주거지원이 연계된 교육이 운영되고 있다. 노숙인들은 지원 단체에서 직접 운영하는 각종 사업단에 참여하면서 관련 기술과 지식을 몸소 체험하며 습득하기도 하고, 자립지원주택 사업의 지원을 받으면서 생활기술교육과 지속적인 상담을 받기도 한다. 특히 일본의 경우는 〈홈리스지원 전국네트워크〉가 2012년 노숙인 지원 단체 실무자를 위한 전문자격 과정을 개설하고 그 양성교육을 처음 실시하는 등 노숙인 지원을 위한 교육활동이 활발하다.

노숙인 문제 해결을 위한 교육적 지원의 성과는 서구의 경험에서도 확인할 수 있다. 미국은 1987년 McKinney-Vento Homeless Assistance Act를 제정하고 홈리스 가정의 아동과 청소년의 학교 교육을 지원하는 National Center for Homeless Education을 설치하였다. 같은 법에 따라 연방정부가 제공한 노숙인을 위한 성인교육 프로그램에 1995년까지 약 32만 명이 참여하기도 하였다(Drury & Koloski, 1995; Office of Vocational and Adult Education, 1998). 이와 함께 노숙인 대상 교육프로그램은 노숙인들의 자존감을 높이는 데에 긴요하다는 연구도 보고되고 있다. Rivera(2003)는 미국 보스턴 지역의 노숙 경험 여성 50명을 대상으로 한 민중교육(popular education) 프로그램 연구에서 노숙 여성들의 자존감과 권리 의식이 높아지고 자녀의 교육에도 적극 참여하는 변화가 일어났다고 보고하였다. 또한 '클레멘트 코스(clement course)'로 알려진 노숙인들을 대상으로 한 인문학 교육의 효과도 보고되고 있다(Stevenson, Yashin-Shaw, & Howard, 2007; Howard et. al., 2008).

이 장은 노숙인 문제의 해결을 다각적인 측면에서 모색하는 노숙인 지원 단체들의 교육활동이 한국과 일본에서 어떻게 진행되고 있는지를 비교·이해하는 것을 목적으로 한다. 이를 위해 한국의 대표적인 노숙인 지원 단체인 〈다시서기센터〉와 일본의 〈홈리스지원 전국네트워크〉의 교육지원활동 사례를 살펴본다. 동아시아의 이웃 나라로 여러 사회문화적 특징을 공유하고 있는 한국과 일본은 노숙인 문제에 있어서도 공통점이 적지 않다. 두 나라의 노숙인 관련 비교 연구들이 시도되고 있지만, 아직 교육적인 측면에서의 비교 연구는 전무한 실정이다. 이에 한국과 일본의 대표적인 노숙인 지원 단체가 실시하는 교육지원활동을 비교·이해하기 위해 다음의 두 가지 측면에 주목하고자 한다. 첫째, 한국과 일본의 노숙인 지원을 위한 단체의 교육활동은 어떤 양상으로 진행되고 있는가? 둘째, 한국과 일본의 단체 교육지원활동에 나타나는 공통점과 차이점 및 그 원인은 무엇인가?

2. 비교 연구의 사례와 방법

1) 사례 개요

한국의 〈다시서기센터〉는 대한성공회유지재단이 1998년 서울시로부터 노숙인 지원 사업을 총괄적으로 위탁받아 운영하고 있다. 한국의 많은 노숙인 지원 단체들이 그 규모가 상대적으로 작고 주거, 급식,

의료 등 개별 부문에서 제한적으로 활동하고 있는 것과 달리 〈다시서기센터〉는 주거, 일자리, 급식, 의료, 상담 등을 통합적으로 지원하는 거의 유일한 단체이다. 또한 노숙인 현황 등 관련 자료를 수집하고 그 결과를 분석하여 노숙인 지원 정책의 기초를 마련하는 활동도 하고 있다. 〈다시서기센터〉에는 현장지원팀, 사업기획팀, 운영지원팀, 의료지원팀, 고용지원센터 등 총 5개의 부서가 있으며, 기초생활지원 사업과 의료지원 사업, 일자리 창출 및 취업지원 사업, 교육지원 사업, 상담 사업 등을 전개하고 있다. 또한 쉼터를 비롯한 노숙인 복지 시설과 정신보건센터, 의료기관, 자원봉사단체, 기업, 서울특별시청 등의 유관기관과 긴밀한 지원네트워크를 구축하고 있다. 〈다시서기센터〉의 사업들은 외부의 다양한 기관과 매우 긴밀한 연계를 유지함으로써 이루어지는데, 이는 노숙인 문제 해결을 위해 다각적이고 통합적인 지원이 필요하기 때문이다.

일본의 〈홈리스지원 전국네트워크〉는 2010년 64개의 노숙인 지원 단체가 결성한 특정비영리활동법인(NPO)이다. 〈홈리스지원 전국네트워크〉는 아홉 가지 강령[1]을 기초로 노숙인을 지원하는 활동은 물론 노숙인 관련 제도의 개선과 정비에도 적극 참여하고 있다. 그

1 (1) 홈리스 상태에 놓인 사람들의 생명과 권리를 지키기 위한 지원활동을 실시한다. (2) 「홈리스특별법」을 활용한 홈리스 지원활동을 실시한다. (3) 국가가 해야 할 자립지원과 사회의 자세에 대해 제언한다. (4) 홈리스 지원을 추진하기 위해 행정과의 협동을 포함하여 광범위한 협력을 목표로 한다. (5) '길거리로부터의 탈출'을 자립지원 과제로 설정한다. (6) 자립 후에도 지속적인 지원을 실시한다. (7) 취업 및 일자리를 통한 자립뿐 아니라 복지 활용형 자립(반노동 반복지형 포함) 등 다양한 자립지원 방법을 모색하며, 경제적 자립에 한정하지 않고 전인적 측면을 고려한다. (8) 홈리스가 되지 않도록 하기 위해 지원한다. (9) 네트워크에서 해결할 수 없는 문제에 대해서는 소속 단체에서 독자적인 사업을 전개할 수 있도록 한다.

강령들의 골자는 「홈리스특별법」을 활용하여 경제적 자립에 한정하지 않고 '길거리로부터의 탈출'을 목표로 자립 후에도 지속적인 지원을 하는 것이다. 〈홈리스지원 전국네트워크〉는 노숙인 지원 업무를 전문 영역으로 특화하여 담당하는 '반주형지원사(伴走型支援士)' 자격을 만들었다. 2012년 3월 제1회 2급인정강좌를 오사카에서 개최하여 79명을 '반주형지원사'로 인정하였다. 이후에도 홋카이도, 교토, 와카야마에서 2급인정강좌를 개최하여 2013년 6월 현재 275명이 2급 반주형지원사 자격을 취득하였다. 가장 최근에 개최된 2급인정강좌는 2013년 9월 20일부터 22일까지 도쿄에서 개최된 반주형지원사 2급인정강좌이다. 또한, 반주형지원사의 업무를 체계화하기 위해 '반주형생활지원 육성 연구사업'도 진행하고 있다. 특히, 10년간의 한시법으로서 2012년 8월에 만료되었을 「홈리스특별법」을 5년 더 연장하는데 기여하기도 하였다. 이 장에서는 〈홈리스지원 전국네트워크〉에 소속된 단체 중 오사카의 〈가마가사키 지원기구〉와 도쿄의 〈자립지원센터 고향의 모임〉(이하 〈고향의 모임〉), 기타큐슈의 〈기타큐슈 홈리스 지원기구〉를 중심으로 교육지원활동을 분석하였다.

2) 자료 수집

〈다시서기센터〉 관련 자료 수집을 위해 실장과 팀장급 실무자 등 총 4명의 관계자를 인터뷰하였다. 이를 통해 〈다시서기센터〉 기관 및 실무자 개인 차원에서 진행되는 노숙인 지원활동 전반은 물론 교육프로그램의 목표와 실제 운영상황, 노숙인 지원활동의 어려움 등에 관해 이해할 수 있었다. 또한 〈다시서기센터〉의 다양한 교육지원활동들이 실제로 노숙인의 자립·자활 과정에서 어떻게 적용되고 있고, 노숙인들 스스로가 교육지원활동 참여 경험에 대해 어떻게 의미부여를 하고 있는지를 이해하기 위해 연구진이 참여한 〈서울대학교 노숙인 생애사 아카이브〉의 인터뷰 자료를 활용하였다.

일본 자료 수집을 위해 연구진은 두 차례에 걸쳐 오사카를 방문하였다. 먼저 2012년 2월 3박 4일 일정으로 일본의 대표적인 노숙인 밀집지역인 오사카 가마가사키(釜ケ崎) 지역을 방문하였다. 이 방문에서는 일본 오사카 지역의 노숙인 연구자들과의 세미나를 통해 전반적인 일본 노숙인 문제에 대해 이해하는 시간을 가지는 한편 가마가사키 지역에서 노숙인 지원활동을 펼치고 있는 기관인 〈오사카 시립 갱생상담소〉, 〈자립지원센터〉를 방문하여 가마가사키 지역의 노숙인 현황과 기관의 활동을 직접 관찰하였다. 또한 이 지역의 대표적인 민간단체이면서 〈홈리스지원 전국네트워크〉에 소속되어 있는 〈가마가사키 지원기구〉를 방문하여 각종 자료를 수집하였다. 또한 당시 오사카 지역을 방문 중이던 고베 지역의 노숙인 지원 단체 활동가들과의 대화를 통해 일본의 노숙인 문제를 이해할 수 있었다. 두 번째 방문에서는 2012년 3월 3박 4일의 일정으로 〈홈리스지원 전국네트워크〉 주관으로 오사카에서 열린 반주형지원사(伴走型支援士) 교육 및 인정시험에 참여하고 관계자들을 인터뷰하였다. 2011년 10월에는 〈기타큐슈 지원기구〉에서 오랫동안 노숙인 지원 활동을 경험한 일본인 활동가를 서울에서 인터뷰하여 일본의 노숙인 단체 활동 관련 자료를 수집하였다. 수집된 자료 중 일본어 인터뷰는 전체를 한국어로 번역하고, 문서와 책자 등의 자료는 필요한 부분을 한국어로 번역하여 공유하였다. 〈표 4-1〉은 인터뷰 참여자 목록이다.

〈표 4-1〉 인터뷰 참여자 목록

	구분	직위	일시
한국	A	다시서기센터 실무자	2012년 5월 1일
	B	다시서기센터 실무자	2012년 7월 6일
	C	다시서기센터 간부	2012년 7월 11일
	D	다시서기센터 실무자	2012년 7월 11일
일본	E	노숙인지원활동가 (기타큐슈 지원기구 자원봉사 경험자)	2011년 10월 30일
	F	사회복지전공 대학교수	2012년 3월 9일
	G	가마가사키 지원기구 간부	2012년 3월 10일
	H	가마가사키 지원기구 실무자	2012년 3월 10일
	I	가마가사키 지원기구 실무자 (노숙인 출신)	2012년 3월 10일

3) 분석의 틀과 분석방법

교육지원활동의 분류는 평생교육 분야에서 주로 활용하는 형식, 비형식, 무형식 교육 분류 방식을 따랐다. 일정한 자격요건을 갖춘 교수자가 있고, 선발된 학습자가 특정한 장소와 시간, 정해진 커리큘럼을 이수하여 정규 학위과정으로 인정받는 형식교육과 달리 비형식교육은 정규 학위과정으로 인정되지 않고 상대적으로 자유롭고 느슨하며, 제도화 수준이 약한 특징이 있다. 즉 비형식 교육은 교육 계획과 평가 등에서는 형식성을 갖추고 있지만, 학습결과를 학력으로 인정하지 않는다. 무형식교육은 인위적으로 정해진 시간과 장소의 제약을 받지 않고 학습자의 참여, 학습 내용, 학습 결과의 인정 또한 개방적이다. 그러나 무형식교육은 무의식적이고 우발적인 학습과는 다르다. 교육목표와 내용 간의 조직과 구성이 전면에 나타나지는 않지만, 인위적인 교육상황 또는 학습상황 밖에서 일어나는 목적 의식적인 교육을 무형식 교육이라 할 수 있다(Merriam, Caffarella, & Baumgartner, 2007).

이를 바탕으로 한 이 연구의 분석 틀은 다음과 같다. 먼저 교육지원활동을 '노숙인의 자립을 목표로 하는 교수-학습활동의 전반'으로 정의하고, 시간, 장소, 교수자, 학습자, 교수-학습 내용 등이 사전에 프로그램으로 계획되었는지의 여부에 따라 비형식 교육지원활동과 무형식 교육지원활동으로 구분하였다. 또한 비형식·무형식 교육지원활동은 각각 대상에 따라 노숙인 대상과 실무자 대상의 교육지원활동으로 구분하였다. 노숙인 지원 단체의 교육지원활동 중 정규 학위과정으로 인정되는 것은 없었기 때문에 형식 교육지원활동은 분석의 틀에서 제외하였다. 분석의 틀을 그림으로 나타내면 〈그림 4-1〉과 같다.

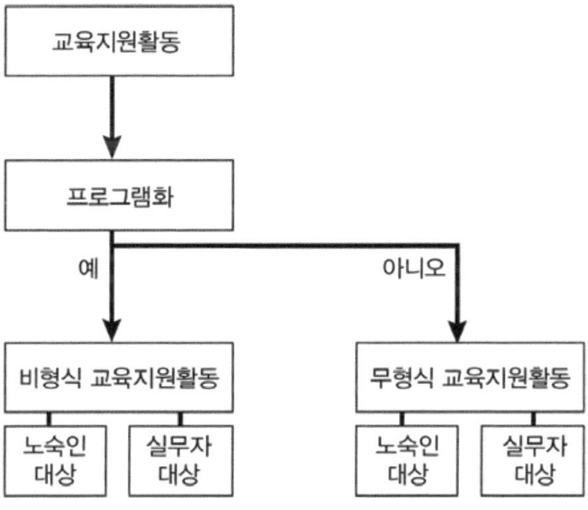

〈그림 4-1〉 분석의 틀

이와 같은 분석의 틀을 바탕으로 수집한 자료를 분류하여 한일 양국의 비형식·무형식 교육지원활동의 특성을 파악하였다. 특히 한일 양국의 교육지원활동이 노숙인과 노숙인 지원을 담당하는 실무자 중에서 어느 쪽에 중점을 두고 있는지를 알 수 있었다. 이와 같은 특성을 비교하여 한일 노숙인 지원 단체 교육지원활동의 공통점과 차이점을 최종 도출하였다.

3. 노숙인 대상 비형식 교육지원활동

1) 한국의 사례

한국의 대표적인 노숙인 지원 단체인 〈다시서기센터〉는 비전트레이닝센터, 법률구조공단, 근로복지공단 등 외부 기관과의 연계를 통해 노숙인을 대상으로 하는 다양한 교육프로그램을 운영하고 있다. 신용회복, 금전관리, 건강 및 심리치료, 취업 및 직업훈련 등의 내용을 포함하는 단기(短期) 교육프로그램뿐만 아니라 노숙인의 자존감을 회복하고 능동적인 삶의 주체로서 참여의식을 높이기 위해 인문학과 연극이라는 테마로 하는 1년 과정의 장기(長期) 교육프로그램들을 개설 운영하고 있다. 이와 같은 비형식 교육프로그램들은 〈다시서기센터〉의 교육지원활동에서 매우 큰 비중을 차지하고 있다.

(1) 단기(短期) 교육프로그램

〈다시서기센터〉의 비형식 교육프로그램은 대부분 특강 형식으로 진행되며, 크게 재활교육프로그램과 자활의지 회복을 위한 교육프로그램, 취업기술훈련프로그램 등이 있다. 재활교육프로그램에는 알코올 교육과 단도박(斷賭博) 교육, 자활의지회복프로그램에는 신용회복 및 파산면책 교육, 자활특강교육, 미술치료와 집단상담 프로그램, 마지막으로 취업기술훈련프로그램에는 면접의 달인, 직업돋보기, 취업특강, 직업훈련연계 프로그램 등이 있다(표 4-2).

특히 2007년부터 노동부 위탁 노숙인 취업 지원기관인 〈새희망고용지원센터〉가 신설되어 자활 및 희망근로 참여자들을 대상으로 취업 및 자활의지 회복을 위한 다양한 교육프로그램을 제공하고 있다. 하지만 이러한 프로그램들은 일방적인 강의 중심의 단발성 집체교육이 대부분이었다. 또 대부분이 외부기관 및 단체와의 비정기적인 연계를 통해 운영되는데, 하나의 교육프로그램에서 취업, 자존감 회복, 건강 등의 여러 가지 목표를 동시에 설정하는 경향이 있었기 때문에 교육대상자의 개별적인 요구를 충족시키는 데 한계가 있었다. 이와 함께 교육프로그램을 총괄하는 전담부서가 없고 부서별, 사업별로 교육프로그램이 진행되어 교육 내용과 대상자가 중복되기도 하였다.

〈표 4-2〉 2010년 〈다시서기센터〉 단기 교육프로그램

구분	프로그램명	주제 및 교육내용	강사 및 연계기관
재활 교육	알코올 교육	알코올 중독 예방 및 개인별/ 집단별 상담	비전트레이닝센터
	단도박(斷賭博) 교육	습관성 도박 예방 및 건전한 문화생활	한국마사회 유캔센터
자활 의지 회복	신용회복 및 관리교육	신용회복제도에 대한 이해와 절차 및 상담	신용회복위원회/ 법률구조공단
	파산면책	파산면책 신청절차와 각종 서류 작성법	경제민주화를 위한 민생연대
	자활을 꿈꾸다	센터 내 자활근로대상자의 자활의지 고취	새희망고용지원센터
	마음나누기 (미술치료)	자기이해와 공감적 대인관계 향상	마음문제연구소
	튼튼건강교실	무기력해진 정신과 신체건강의 회복	용산구 생활체육협의회
	집단상담 프로그램	자기이해와 자신감 회복 및 대인관계프로그램	새희망고용지원센터
	웃음노래교실	웃음치료기법을 통한 심신 치료	한국웃음연구소
	새희망을 찾아가는 자활특강	삶의 목표를 재설정을 위한 인문학 특강	성프란시스대학
	산재보험 교육	산업재해 예방법과 대처법, 산재보험의 이해	근로복지공단
	금전관리교육	금전관리 및 저축의 중요성	새희망고용지원센터
취업 기술 훈련	직업돋보기	직업세계 이해와 구직에 필요한 준비와 절차	새희망고용지원센터
	면접의 달인	이력서 및 자기소개서 작성과 모의면접 훈련	새희망고용지원센터
	취업특강	구인자의 입장에서 보는 구직자 의 모습과 필요사항	독도쿠키사업단[2]
	직업훈련연계	조선소 특수용접교육생 모집과정 연계, 용접교육	제이엠커리어[3]/ 울산이영산업교육원

자료: 2010년도 다시서기 사업보고서 참고.

(2) 장기(長期) 교육프로그램

〈다시서기센터〉는 「인문학과정」과 「시민연극 프로그램」 등 학습자의 적극적인 참여를 기초로 한 비형식 교육프로그램 또한 운영하고 있다. 「인문학과정」은 문학, 철학, 예술사, 한국사, 글쓰기 등 1년 2학기 과정의 인문교양교육프로그램으로 2005년에 시작되어 2014년 9월 현재 9기가 운영되고 있다. 「시민연극 프로그램」은 교육연극단체인 〈프락시스〉가 〈다시서기센터〉와 함께 2011년 지역사회 문화예술교육 활성화 지원사업의 일환으로 시작한 것으로, 노숙인이 직접 참여하는 연극 작품을 매년 상연하고 있다.

이들 프로그램은 단기 교육프로그램과 달리 비교적 장기간의 교육과정을 갖추고 노숙인의 지속적인 참여를 바탕으로 진행된다. 재활교육이나 취업기술훈련 프로그램이 노숙인의 정신적·육체적 질환을 치료하거나 단순한 직업기술을 집중적으로 가르치는 등 노숙인에게 당장 필요한 것을 제공하는 것을 목적으로 하는 반면, 장기 교육프로그램들은 노숙인이 스스로 자존감을 회복하고 사회의 한 구성원으로서 다양한 활동에 주체적으로 참여해 보는 경험을 제공한다. 또한 자기표현 및 성찰 그리고 사회성 향상의 가능성을 보이면서 "평범한 사람들"과의 소통과 교류를 중요시한다(프락시스, 2011). 매 기수의 참여인원은 10~25명 정도로 제한하고 있으며 1년 정도의 교육

2 청년실업문제 해소를 위한 비영리민간단체(NPO)인 전국백수연대가 사회취약계층에게 일자리 제공과 독도 홍보라는 목표로 2009년에 출범한 제과업체. 2009년 6월에는 노동부로부터 예비사회적기업으로 인증받아 직원의 70%가 사회취약계층으로 구성되어 있으며, 판매 수익금의 2/3를 독도 관련 단체에 기부하고 있음(출처: 위키백과).

3 고용노동부 민간위탁 취업훈련기관.

과정에 지속적으로 참여할 의지가 있는 노숙인들을 대상으로 한다. 이러한 참여 중심 비형식 교육지원활동은 노숙인의 자율성을 신장시켜 스스로 변화의 주체로 세워야 한다는 현장 실무자들의 오랜 경험에 기초한 제안으로 시작되었다. 이들 프로그램에 참여한 노숙인은 배움에 대한 갈증 해소와 삶에 대한 성찰을 통해 자존감을 회복하면서 긍정적인 자기 변화를 경험하고 있다(김의태·강대중, 2012; 다시서기센터, 2011). 수료자 중에는 사회복지사 자격증을 취득하여 〈다시서기센터〉에 정규직으로 채용되는 사례도 생겨나고 있다.

> 「인문학과정」이 그렇잖아요. 예전에는 완전히 바닥까지 한없이 떨어지고 그랬는데 인문학교육을 하고 나면 어느 정도 마지노선을 형성하더라고요. 그리고 다시 반등할 수 있는 힘을 갖잖아요. 그러니까 교육이 다 그런 것 같아요. 그래서 주거지원을 하더라도 주거지원을 받는 사람들끼리 모이고, 인문학이나 연극프로그램을 하고. 그 속에서 새로운 인간관계를 형성하고 문화적으로 교감하면서 건강한 인간관계를 회복하고 새로운 심리적 지지망을 형성하죠. 이런 것들이 촘촘하지 않으면 그냥 주거 제공, 일자리 제공만 해가지고는 (삶의 여러 지지대 중) 젓가락 하나를 세워놓은 것 같은 느낌인 거죠. 서로 지지해 주고 묶어 줄 수 있는 것이 바로 교육프로그램인 것 같아요. (〈다시서기센터〉 간부 C 인터뷰 중)

2) 일본의 사례

일본의 노숙인 지원 단체들은 취업과 주거지원을 중심으로 비형식 교육지원활동을 진행하고 있다. 〈다시서기센터〉와는 달리 독자적인 교육프로그램을 개설하지 않고 필요한 경우 비정기적으로 교육프로그램을 운영하거나, 기관 외부에서 진행되는 교육프로그램에 노숙인을 소개하고 연결시켜 주는 양상을 보이고 있었다. 특히 취업과 관련된 교육지원활동의 경우 일터에서 직업 기술을 배울 수 있도록 하는 일종의 도제식 교육을 택하고 있었다. 비형식 교육지원활동으로 〈가마가사키 지원기구〉와 〈기타큐슈 지원기구〉의 사례를 살펴보고자 한다.

(1) 〈가마가사키 지원기구〉의 사례

〈가마가사키 지원기구〉는 '자전거 리사이클 사업단'과 '원예사업단'을 직접 운영하면서 기능강습을 중심으로 하는 교육지원활동을 펼치고 있었다. 자전거 리사이클 사업단은 헌 자전거를 수리하여 사업소에 판매하거나 대여하는 사업을, 원예사업단은 일반 가정이나 회사, 공원 등의 화단과 화초를 관리하는 사업을 담당한다. 구직을 희망하는 노숙인은 각 사업단에 참여하면서 자전거 수리, 화단조성 및 공원관리 등 관련 기술에 대한 교육을 받는다. 이러한 교육지원활동은 일터에서 실제로 일을 하면서 직업 기술을 배울 수 있는 일종의 도제식 교육의 방식을 취하고 있다. 〈가마가사키 지원기구〉가 직업교육프로그램을 따로 개설하지 않고 일터에서 직업 기술을 배울 수 있도록 하는 이유는 하루라도 빨리 자립의 기반을 마련하는 것을 목표로 하고 있기 때문이다.

이는 일본의 장기불황으로 인한 일자리 부족 문제와도 관련된다. 일반인보다 취업기회가 더욱 제한적인 노숙인에게는 직업교육에 참여하는 것보다 일자리가 나면 바로 연결해 주는 것이 급선무라고 생각하기 때문이다. 교육프로그램에 노숙인을 참여시켜 해당 기술 및 전문 지식을 습득하게 한 후 사업단의 작업 현장에 투입하는 것은 자칫 시간 낭비가 될 우려가 크다고 판단했기 때문에 직장에서 기술을 배울 수 있도록 한 것이다.

> 우리의 목적은 노숙인들이 노상에서 죽지 않도록 어떤 지원이 가능할까를 고민하는 것이다. 의지만으로 노숙상황을 벗어날 수 없기 때문에 그 환경을 변화시켜야 당사자의 생각도 바뀔 것이다. 즉 그 노숙인과 관계된 환경을 바꾸는 것이 가장 큰 목적이고 그로 인해 당사자의 의지와 사고방식도 변화할 것이다. 교육훈련프로그램도 구체적으로 일을 하거나 일을 하는 동시에 기술을 배우면서 자신이 번 돈으로 생활할 수 있도록 하는 것이 목표이다. (〈가마가사키 지원기구〉 활동가 G 인터뷰 중)

〈가마가사키 지원기구〉는 '직장체험강습(職場体験講習)'이라는 비형식 교육지원활동도 하고 있다. 이는 노숙인과 직업체험을 제공하는 사업장을 연계해 주는 것으로, 이를 위해 〈가마가사키 지원기구〉는 강습일수에 따라 사업장에 장려금을 지급하고 상해보험에도 가입하여 사업장의 부담을 덜어 주고 있다. 또한 노숙인에게도 수강 장려금을 지급하여 참여를 독려한다. 이 사업의 흐름은 〈그림 4-2〉와 같다.

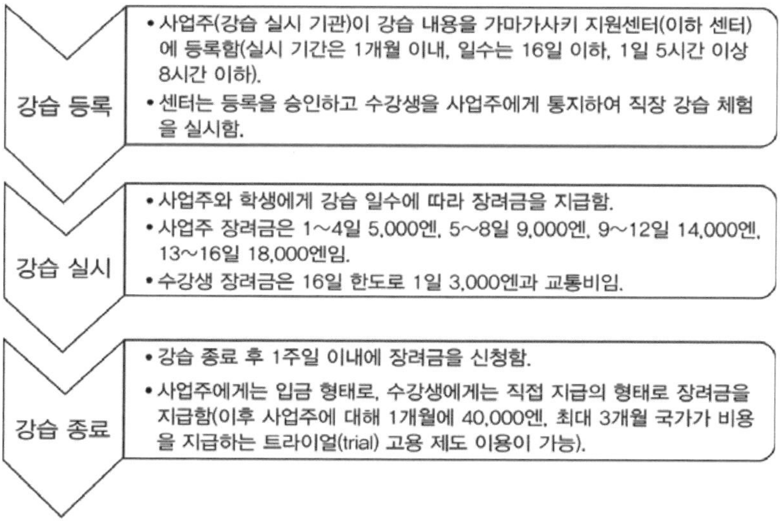

자료: 〈가마가사키 지원기구〉 홈페이지, http://www.homeless-shien.jp/saiyou

〈그림 4-2〉 〈가마가사키 지원기구〉의 직장체험강습 과정

(2) 〈기타큐슈 지원기구〉의 사례

일본의 노숙인 지원 단체는 자체적으로 교육프로그램을 운영하기보다는 건설 부문 중장비 기계 교육이나 요양보호사 교육 등을 운영하는 다른 교육기관에 노숙인을 연계해 주고 있다. 〈기타큐슈 지원기구〉 또한 '자립지원주택' 사업을 중점적으로 시행하고 있다. 이 사업은 노숙인에게 6개월간 머무를 수 있는 주택(아파트)을 제공하고 그 동안 자립 기반을 마련할 수 있도록 돕는 것이다. 6개월 기간 동안 단순히 주거만을 제공받는 것이 아니라, 사회복지사와 자원봉사자의 지속적인 방문상담을 받으며 자립지원주택에 입소한 다른 노숙인들과 함께 여러 가지 비형식 교육프로그램에 참여한다. 대표적인 프로그램으로 음악치료와 체조 프로그램, 생활기술교육(분리수거, 요리 등)

이 있으며, 자립지원주택에 입소한 노숙인은 반드시 참여해야 한다.

4. 노숙인 대상 무형식 교육지원활동

1) 한국의 사례: 멘토링과 자조모임

〈다시서기센터〉는 일반 상담지원[4]뿐만 아니라 멘토링을 통한 무형식 교육지원활동도 비교적 활발하다. 멘토링은 〈다시서기센터〉 실무자가 개별적으로 노숙인과 지속적인 관계를 유지하면서 기본적인 생활과 일자리, 주거 등을 지원하는 방식으로 이루어진다. 특히 실무자들은 〈다시서기센터〉의 다양한 비형식 교육프로그램 등에 참여해 탈노숙의 가능성이 엿보이는 노숙인들을 발굴하고, 이들과 자연스럽게 멘토-멘티의 관계를 형성한다. 실무자들은 긍정적인 삶의 변화를 촉진하기 위해 노숙인들이 일자리와 주거지를 확보한 이후에도 정기적으로 방문하여 기초적인 생활지원과 함께 지속적인 상담활동을 유지한다.

> 사실은 제가 만나서 (멘토-멘티 관계에 있는 노숙인을) 매입임대주택 모임에 넣어준 거예요. 측면 지원을 해주고 있는 건데, 그 사람한테 필요한 서비스를 연결시켜 줘야 하는 거죠. 그래서 취업을 시키고 다시 가족이 합치게 해주고 하는 거죠. 지금 아이 낳고 잘살고 있어요.

4 〈다시서기센터〉는 서울역과 영등포역에 위치한 상담소를 중심으로 기초생활지원과 응급구호, 취업 및 신용회복, 주거지원과 관련한 일반 상담지원을 하고 있다. 노숙인들은 상담소 또는 〈다시서기센터〉로 방문하여 사회복지사 또는 실무자와 상담을 통해 다양한 지원을 받을 수 있다.

> 그런데 그것으로는 부족하더라는 거야. 최고의 단계가 인문학이라고 생각을 하는 거예요. 그래서 인문학(프로그램)에 참여하는 것이 필요하다고 생각해서 강제로 밀어 넣기도 하죠. 인문학 동아리 그 조직 안에 들어가면 ○○이가 훨씬 더 많이 보고 많은 통찰을 할 수 있을 거라고 생각해요. 그러면 자기가 갖고 있는 문제들도 부분적으로 자력으로 해결할 수 있을 것이고. (〈다시서기센터〉 실무자 A 인터뷰 중)

이와 함께 〈다시서기센터〉의 실무자와 활동가들은 노숙인들의 자조모임 또는 당사자 모임을 조직하고 지원하고 있다. 실무자-노숙인의 멘토링 관계를 바탕으로 하되, 노숙인들 스스로 서로에게 도움을 주고받으며 삶의 또 다른 지지자로 성장할 수 있도록 일종의 '판'을 만들어주는 것이다. '희망FC 축구단', '매입임대주택 입주자들의 자치모임', 「인문학과정」의 풍물패 활동, 인접 지역의 자활의지가 있는 노숙인들 사이의 '밥모임' 등이 이런 멘토링에서 파생된 자조모임의 구체적인 사례들이다. 〈다시서기센터〉와 센터 실무자 또는 활동가들은 "불쏘시개" 또는 촉매 역할을 수행하면서 자치모임 참여자들에게 문화체험의 기회를 제공하거나 각종 문화행사에 풍물패의 공연 기회를 마련하는 등 노숙인들의 자율적 모임이 지속적으로 유지되도록 지원한다. 동시에 「인문학과정」, 「시민연극프로그램」과 같은 장기교육프로그램 참여 등을 유도함으로써 보다 근본적인 삶의 변화를 목표로 하는 멘토링 활동을 하고 있다. 이처럼 무형식 교육지원활동은 실무자 또는 활동가와 노숙인의 신뢰 관계와 지속적인 교류를 통해 개별 노숙인에게 보다 밀착된 형태로 이루어진다.

> 그것이 내가 하려고 하는 일의 목표인 거예요. 당사자들이 주인이 되어서 이 사회에서 자기 역할들을 갖게 하는 거죠. 그러려면 자기 목

소리를 내기도 하고 자기주장의 정당성에 대해서 논리적으로 설명도 해야 되잖아요. 희망FC, '마음을 나누는 사람들', '해보자', 성프란시스 대학 동문회 이런 사람들 많이 모았어요. 하나의 모임을 만들고 제가 불쏘시개 역할을 하는 거예요. 근데 재밌어해요, 굉장히 자신감 없던 사람들 옆에 동료들이 지켜주잖아, 정보도 공유하고 또 서로 주거지도 연계해 주고. (〈다시서기센터〉 실무자 A 인터뷰 중)

2) 일본의 사례: 'One-stop Service'

일본 노숙인 지원 단체의 노숙인 대상 무형식 교육지원활동은 상담과 멘토링을 중심으로 이루어지는데 이는 일자리와 주거를 포함하는 생활 전반을 다룬다. 이와 같은 노숙인 지원을 일본에서는 'One-stop Service'라고 칭하는데, 실무자가 노숙인이 노숙 생활에서 벗어날 수 있도록 처음부터 끝까지 지원하고, 노숙 생활에서 벗어난 이후에도 상담과 멘토링을 지속하여 다시 노숙 생활로 돌아가는 것을 방지하고자 한다. 또한 상담과 멘토링을 통해 자연스럽게 비형식 교육지원활동과 연계한다.

노숙인은 단지 '집이 없는' 사람이 아니라 가족을 포함한 인간관계가 단절되어 있고, 일정한 직업이 없어 경제적으로 어려움을 겪으며, 노숙 생활로 인해 기본적인 생활도 규칙적으로 꾸려나가지 못하는 경우가 많다. 이에 주거와 취업지원만큼이나 상담과 멘토링과 같은 무형식 교육지원활동은 단절된 끈을 다시 연결하는 현실적인 지원이 되고 있다. 〈가마가사키 지원기구〉의 경우 상담 및 멘토링은 실무자뿐 아니라 자원봉사자도 함께 실시한다. 2012년 3월 현재는 2명의 전담 실무자와 1명의 비상근 실무자를 포함하여 9명이 상담 및 멘토링 업무를 담당하고 있으며 의료상담, 생활지원 및 주택방문 멘토링, 생활보호(시설 입소 포함) 절차 등을 지원한다. 노숙인 각자가 처한 상황과 문제가 다르기 때문에 상담과 멘토링은 일대일로 진행하며, 특히 시설 입소 절차를 포함하여 생활보호 절차에 대한 지원을 강조한다. 이는 노숙 생활을 벗어나 주거를 갖는 가장 기본적인 방법이기 때문이다. 필요한 경우에는 실무자가 동행하여 신청 절차를 지원하기도 한다.

> 살 곳과 먹을 것이 없는 사람들에게 밥을 나눠 주거나, 노상 생활을 하는 사람들이 상담을 오면 몸 상태를 물어보거나, 가지고 있는 문제가 병뿐만 아니라 다른 것들이 있는지 물어보고 치료를 권유한다든가, 잘 곳이나 먹을 것이 없는 사람들에게는 생활보호를 받을 수 있도록 하는 형태로 돕습니다. 알코올중독자이거나 관련 문제가 있는 사람은 돈을 바로 주면 술을 사버리기 때문에 같이 가서 밥을 사고, 아파트에 사는 사람은 방문을 해서 생활 모습을 보거나, 계약서나 서류를 마련하는 데 어려움이 있는 사람은 함께 가줍니다. (〈가마가사키 지원기구〉 실무자 H 인터뷰 중)

〈기타큐슈 지원기구〉의 상담 및 멘토링은 자립지원주택을 중심으로 이루어진다. 〈기타큐슈 지원기구〉의 상담 및 멘토링 활동은 기본적으로는 〈가마가사키 지원기구〉와 유사하지만, 노숙인들 사이의 상담 및 멘토링 활동을 장려한다는 점에서 차이가 있다. 2002년경부터 자립지원주택 옥상에 마련된 카페테리아에서 이루어지는 다도 모임 활동인 '동네 사랑방'은 비교적 역사가 깊은 활동으로 차(茶) 문화가 발달한 일본답게 자립지원주택 옥상에 마련된 쉼터에서 입소자들이 일상적으로 차를 마시며 이야기를 나누는 모임이다. 또한 '홈커밍데이'는 자립지원주택 퇴소 후 탈노숙에 성공한 노숙인들의 동창회 같은 프로그램으로 노숙인들 사이의 멘토-멘티 관계가 더욱 강화될 수 있는 공식적인 자리이다. 이들 활동에서는 입소자들이 서로의 보호자이자 심리적 지지자가 되면서 단절된 인간관계를 회복하고, 탈노숙에 성공한 선배 입소자가 자신의 탈노숙 경험을 소개하여 노숙인 자조모임의 성격을 가진다.

5. 실무자 대상 교육지원활동

1) 한국의 사례: 멘토링과 자조모임

〈다시서기센터〉는 노숙인뿐만 아니라 조직 내 실무자들의 전문성 함양과 역량 강화, 활동가로서의 자긍심 고취 등을 위해 다양한 프로그램을 기획, 운영하고 있다(표 4-3).

〈표 4-3〉 2010년 〈다시서기센터〉 활동가 교육프로그램

구분	프로그램명	주제	강사 및 소속
1	에니어그램 수련	에니어그램을 통한 자아 성찰 및 자존감 회복	조정기 신부 (성공회대)
2	노숙인 복지 특강	노숙인 복지현장의 변천과 이해	현시웅 소장 (대구상담센터)
3		노숙인 복지정책의 변화와 홈리스지원법	남기철 교수 (동덕여대)
4	노숙인 인권 특강	노숙인과 인권	오창익 국장 (인권연대)

자료: 다시서기상담보호센터(2011: 66).

노숙인 복지 및 인권과 관련된 현장전문가와 학자들을 초빙하여 직무교육을 실시하고 있으며, 인문학 특강 교육을 통해 활동가 자신의 자아 성찰 및 자존감을 고취시켜 노숙인 복지 분야의 실천가로서 동기를 부여하기도 하였다. 그 밖에도 예비사회복지사를 위한 사회복지현장실습 프로그램을 운영함으로써 노숙인 복지 분야에 대한 이해를 증진시키고자 하였다(다시서기센터, 2011). 또한 노숙인 지원 사업에 참여하고 있는 자원봉사자들을 위한 교육프로그램을 통해 노숙인에 대한 이해와 인식개선을 꾀하고 각종 지원 사업에 대한 이해를 높이고 있다(다시서기센터, 2010: 108).

하지만 이러한 실무자 대상 교육지원활동은 주로 단발성의 강의 중심 교육이다. 신규 실무자 교육 또한 노숙인 대상 교육지원활동에 비해 상대적으로 덜 체계화되어 있다. 실무자 선후배 간의 멘토-멘티 관계를 통한 교육도 조직적으로 진행되지 못하고 있다. 대신 1년 단위로 이루어지는 순환근무를 제도화해 실무자들이 노숙인에 대한 이해와 지원활동에 대한 경험의 폭을 넓힐 수 있도록 하고 있다. 그러나 노숙인 지원활동의 전문성을 높이는 것이 필요하다는 문제도 제기되고 있다.

> 그 자격증(일본의 반주형지원사) 얘기를 들어보니까 예를 들어 우리나라 같은 경우에 정신보건사회복지사, 의료사회복지사와 같이 사회복지사 영역에서도 앞에 붙는 게 있거든요. 그런 것처럼 노숙인사회복지사 같은 게 필요할 것도 같아요. 노숙인이라는 영역이 워낙 특별하기도 하고 복합적이고 어려운 부분이어서 그런 부분(전문자격제도 마련)도 차후에 필요하지 않을까 이런 생각이 들고요. (〈다시서기센터〉 실무자 D 인터뷰 중)

2) 일본의 사례

(1) 반주형지원사(伴走型支援士) 자격

일본은 2002년 「홈리스특별법」을 제정하여 노숙인 지원에 관한 법적 체제를 정비하였다. 하지만 실제 노숙인 지원 현장에서는 긴급한 상황에 대한 대응, 취로(취업)지원, 생활보호지원과 같은 긴급·단기 지원이 중심이었다. 게다가 「홈리스특별법」은 2002년부터 2012년까지 10년 동안만 유효한 한시법으로 제정되었기 때문에, 법의 종료를 앞두고 노숙인 지원 실무자를 포함한 관계자들은 이에 대한 대책과 함께 행정 체제를 포함한 노숙인 지원 전반에 대해 재고하게 되었다. 이 가운데 노숙인 지원에 필요한 지식과 기술, 자격의 체계화에 대한 문제 제기가 시작되어, 노숙인 지원을 담당하는 인재 확보와 육성 및 지금까지 쌓아온 노숙인 지원 현장 경험의 축적에 대해 논의하게 되었다. 즉 탈노숙을 넘어서 탈노숙 이후의 생활까지 지원하는 일본 노숙인 지원의 기본 방향을 전문적으로 실현하기 위해서는 노숙인 지원을 담당하는 실무자의 역량과 역할이 매우 중요하다는 인식이 공유된 것이다.

이에 〈홈리스지원 전국네트워크〉에서는 영국의 노숙인 지원 정책을 모델로 삼아 현장에서 노숙인 지원을 담당하는 사람들을 '반주형지원사(伴走型支援士)' 또는 'PS(Personal Supporter)'로 명명하고, 이들에게 필요한 지식과 기술을 커리큘럼으로 정리하고 이를 자격으로 인증하기 시작하였다. 반주형지원사는 '함께 옆에서 달리며 지원하는 사람'이라는 의미로 긴급구호 중심의 단발적 지원이 아닌 탈노숙 단계와 탈노숙 이후의 삶까지 고려하고 있다. 이와 관련하여 반주형지원사 자격 인정 강좌를 연구, 개발한 교수는 다음과 같이 밝히고 있다.

일본의 소셜워커(사회복지사)는 사회복지시설에서 일하기 때문에 개인의 생애와 지역 전체를 생각하는 소셜워커는 많지 않습니다. 자신이 근무하는 시설의 노숙인만 신경 쓰기 때문에 실업자와 거리노숙인에 대한 지원이 불가능하고, 그들이 다시 고독해지면 시설로 돌아가게 됩니다. 이런 것을 막기 위한 방법의 하나로 일반 소셜 워커의 자격을 갖고 있다고 하더라도 퍼스널서포터처럼 돌보는 스킬을 기르는 등의 방식이 필요합니다. 그래서 함께 달린다는 의미의 반주형지원인 것이죠. (특히 극빈층을 지원하기 위해) 지속적인 케어를 위한 역할과 기술을 가진 사람을 양성한다는 점에서 반주형지원은 일반적인 소셜워커와 다른 것입니다. (사회복지 전공 대학교수 F 인터뷰 중)

2012년 3월 '반주형지원사 2급 인정 강좌'의 실시를 시작으로 2013년에는 2급 자격소유자를 대상으로 하는 1급 자격 인정 강좌도 운영할 계획에 있다. 이 자격은 2급, 1급, 매니지먼트 코스의 세 단계로 이루어져 있으며, 2급에서는 노숙인 지원에 대한 기본 이론, 1급에서는 노숙인 지원에 대한 심화 이론 및 현장에서의 실천, 매니지먼트 코스에서는 노숙인 지원 조직 운영에 대해 다루고 있다. 각 급수에 따른 인정 강좌 내용은 〈표 4-4〉와 같다.

〈표 4-4〉 반주형지원사 등급 및 등급별 강좌 내용

등급	강좌 내용	비고
매니지먼트	• 지원조직 관리, 운영론(1) • 지원조직 관리, 운영론(2): 사업자금 • 지원조직 관리, 운영론(3): 외부자금 • 지원조직 관리, 운영론(4): 홍보 • 지원조직 관리, 운영론(5): 인재육성 • 지원조직 관리, 운영론(6): 인사관리 • 지원조직 관리, 운영론(7): 개인정보 관리 • 시설운영론(1) • 시설운영론(2)	• 1급 인정자만 수강 가능 • 인정 이후 3년 이후 갱신 강좌 수강해야 자격 유지 가능
1급	• 홈리스 지원의 본질론(2) • 홈리스 지원을 위한 사회보장론(2) • 홈리스 지원의 기술론(2) • 홈리스 지원을 위한 사회복지(2) • 홈리스 지원을 위한 사회복지(3) • 홈리스를 위한 거주지원(2) • Care plan 방식에 따른 홈리스 지원(3) • Care plan 방식에 따른 홈리스 지원(4) • 홈리스 지원과 사회보장론(2) • 홈리스를 위한 취로지원(2)	• 2급 인정자만 수강 가능 • 인정 이후 3년 이후 갱신 강좌 수강해야 자격 유지 가능
2급	• 홈리스 지원의 본질론(1) • 홈리스 지원의 기술론(1) • 홈리스 지원을 위한 사회보장론(1) • 홈리스를 위한 거주지원(1) • 홈리스를 위한 취로지원(1) • 홈리스 지원과 after-care(1) • 홈리스 지원을 위한 사회복지(1) • 홈리스 지원을 위한 갱생보호(1) • Care plan 방식에 따른 홈리스 지원(1) • Care plan 방식에 따른 홈리스 지원(2)	

자료: 2011년도 반주형생활지원사 인정강좌 안내자료.

(2) 〈고향의 모임〉의 실무자 교육프로그램

도쿄를 중심으로 노숙인 지원 활동을 펼치는 단체인 〈고향의 모임〉은 여러 하위 단체들이 개별적으로 사업을 실시하고 있다. 이 가운데 〈단체법인 삶과 마을 만들기 지원기구(NPO法人 すまい·まちづくり支援機構)〉는 노숙인 지원에 대한 연구회를 조직하여 〈고향의 모임〉 직원 교육을 담당하고 있다. 〈고향의 모임〉은 도쿄 각 지역 내에 지원센터를 설치하여 생활 빈곤 상태에 있는 사람들을 대상으로 종합상담·방문지원활동을 하고 있다. 이를 위해 복지·의료·행정 서비스 등에 대한 제도 및 법률과 지원기술에 대한 직원교육 프로그램을 연 2회 실시하고 있다.

직원교육은 〈고향의 모임〉 실무자를 위한 '케어 매니지먼트 매뉴얼(care management manual)'에 따른 '케어(care) 검정 제도'에 의거하여 직원이 단계적으로 실무 역량을 갖출 수 있도록 하고 있다. 노숙인 지원을 위해 갖추어야 할 자격을 4단계(기초, 3급, 2급, 1급)로 나누어 각 단계의 직무를 구분하고 있으며, 각 단계에 필요한 교육내용 및 검정 방법을 규정하고 있다. 〈그림 4-3〉에서 알 수 있듯이 기초등급에서 1급으로 급수가 올라갈수록 지역자원 연계를 포함하는 포괄적 지원에 관한 내용이 포함된다.

연수·검정				직무영역·내용	
등급		연수	인정 방법	직무영역	직무 내용
1급	케어 연수 갱신	케어 회의 연수	• 포괄지원 계획 발표	지역 포괄 지원	• 수퍼비전 • 과제의 발견과 장(場) 설정 • 집단적 위기관리 • 지역 매니지먼트
		⇧			
2급	케어 연수 갱신	리더 연수	• 토탈 플랜 발표	연대 지원	• 문제 해결을 위한 연대 • 콘퍼런스 주최
		⇧			
3급	케어 연수 갱신	전체 연수	• 필기시험 (기초지식) • 케어 플랜 발표 • 연수 발제 • 연수 수료	지원 방침	• 문제 해결 • 지원방침 입안 • 문제 해결을 위한 key person 역할 • 사회 서비스 평가
		⇧			
기초	케어 연수	강연회, 독서회 기초 연수	• 대인원조 리포트 • 연수 수료	기초 대응	• 생활지원에 대한 기초대응

자료: 〈고향의 모임〉 홈페이지, http://www.hurusatonokai.jp

〈그림 4-3〉 〈고향의 모임〉 케어 검정 제도

6. 맺음말: 노숙인 교육지원활동 특성 및 제언

1) 한국의 교육지원활동 특성

〈다시서기센터〉의 교육지원활동은 크게 노숙인 대상 교육지원활동과 실무자 및 활동가 대상 교육지원활동으로 나누어진다. 그리고 노숙인 대상 교육지원활동은 다시 비형식 교육지원활동과 무형식 교육지원활동으로 나누어지며, 비형식 교육지원활동은 단기 교육프로그램과 장기 교육프로그램으로 구성된다. 무형식 교육지원활동은 멘토링 중심으로 이루어지는데, 실무자 또는 활동가와 노숙인 사이의 일대일 관계를 통해 이루어질 뿐만 아니라 실무자 또는 활동가가 노숙인들의 자조모임 또는 당사자 모임을 조직하고 지원하는 형태로도 이루어진다. 이러한 〈다시서기센터〉의 교육지원활동을 살펴보면 몇 가지 특성을 확인할 수 있다.

첫째, 〈다시서기센터〉의 교육지원활동은 외부기관 또는 외부단체와의 연계를 중심으로 이루어진다. 취업기술, 집단상담뿐만 아니라 인문교양교육프로그램과 연극프로그램 또한 외부 강사와 기관이 실질적인 운영을 담당하고 있다. 이는 교육지원활동 전담인력이 부족한 〈다시서기센터〉 조직의 한계로 볼 수도 있지만, 노숙인에 대한 기존의 경제적·물질적 지원을 넘어서 새롭게 교육지원활동 영역을 확장하는 과정에서 외부와의 적극적인 연계를 시도하고 있다는 점을 반영한다고 볼 수 있다.

둘째, 〈다시서기센터〉는 노숙인을 대상으로 진행되는 장기간에 걸친 비형식 교육프로그램을 운영한다. 1998년 노숙인 지원사업을 시작한 이래 교육프로그램 운영 경험이 축적되면서 단발성의 집체식 교육이 가지는 한계를 스스로 절감하게 되었다. 이에 2005년부터 노숙인을 위한 인문교양교육프로그램을, 2011년부터는 연극프로그램을 운영하고 있다. 두 프로그램 모두 1년 정도의 비교적 긴 교육기간을 설정하고 있으며, 각 프로그램에 참여한 노숙인들의 긍정적인 평가와 탈노숙 사례들이 나타나고 있다.

셋째, 실무자 대상 교육프로그램의 비중이 작은 반면, 실무자 개인 차원에서 노숙인에 대해 이루어지는 무형식 교육지원활동이 존재한다. 〈다시서기센터〉의 실무자 및 활동가들은 개별적으로 노숙인과 긴밀한 관계를 유지하는 과정에서 노숙인에 관한 상담지원과 함께 자조모임 또는 당사자 모임을 조직하는 '촉매' 역할을 수행하기도 한다. 특히 실무자 및 활동가들은 노숙인과 일대일 관계의 멘토-멘티 관계를 맺고 그들의 또 다른 심리적 지지자로서의 역할을 수행한다.

2) 일본의 교육지원활동 특성

일본의 노숙인 지원 단체 중 하나인 〈홈리스지원 전국네트워크〉의 교육지원활동은 네트워크에 속한 지원 단체의 성격에 따라 강조하는 부분에 조금씩 차이가 있지만, 기본적으로 한국의 경우와 마찬가지로 노숙인 대상, 실무자 및 활동가 대상 교육지원활동으로 구분된다. 노숙인 대상 교육지원활동은 취업·주거 지원과 연계된 비형식 교육지원활동과 상담 및 멘토링을 중심으로 하는 무형식 교육지원활동으로 구분되고, 실무자 및 활동가 대상 교육지원활동은 자격인정과정까지 마련되어 있을 만큼 체계화를 위해 노력하고 있다. 각각의 특징은 다음과 같다.

첫째, 노숙인 대상 비형식 교육지원활동의 경우는 주로 취업을 통한 탈노숙을 목표로 현직에서 일하면서 직업교육을 받을 수 있는 '기관 간 연계'의 방식을 취한다. 여기에서는 따로 직업교육을 실시하여 종료 후 직업을 가질 수 있도록 하는 방식이 아닌, 직업을 먼저 가지도록 한 후 직업세계 안에서 일하면서 직업 기술을 배울 수 있도록 하는 일종의 도제식 교육의 특징을 엿볼 수 있다. 〈가마가사키 지원기구〉의 '직장체험강습' 프로그램은 하루라도 빨리 탈노숙을 할 수 있도록 교육과 취업지원을 동시에 제공한다.

둘째, 무형식 교육지원활동인 상담과 멘토링의 경우 생활습관이나 위생 및 건강관리와 같은 일상생활의 기본적인 부분부터 시작하여 탈노숙 과정에서 반드시 알아야 할 제도에 대한 정보까지 다양한 내용을 다루고 있다. 또한 〈기타큐슈 지원기구〉의 사례처럼 노숙인이 탈노숙 과정과 탈노숙 이후 혼자 남지 않도록 관계성의 회복에도 주목하여, 단체 실무자와의 상담과 멘토링뿐만 아니라 동료 노숙인 및 탈노숙에 성공한 선배 노숙인과의 상담과 멘토링도 이루어질 수 있도록 지원하고 있다.

셋째, 노숙인 지원활동을 담당하는 실무자 교육이 매우 체계적으로 이루어지고 있다. 〈홈리스지원 전국네트워크〉가 마련한 노숙인 지원 실무자 자격인 '반주형지원사'에 마련된 커리큘럼은 자격 급수에 따라 점차 전문적인 내용을 포함하는 방식으로 구성되어 있다. 이는 '노숙인 지원활동'이라는 구체적인 실천을 전문적인 활동으로 체계화하여 실무자들의 전문성을 구체적으로 명시하고 전문성과 자격을 연결하는 체계적인 실무자 교육과정을 만들어냈다는 점에서 의의가 있다. 그뿐만 아니라 〈고향의 모임〉 사례에서 살펴볼 수 있듯이 개별 노숙인 지원 단체에서도 체계적인 교육과정을 만들고 이를 위한 연구 모임을 운영하여 노숙인 지원 실무자들이 전문성을 갖고 노숙인 지원 활동을 전개할 수 있도록 지원하고 있다.

3) 한일 간 차이에 관한 논의

노숙인은 '집 없이 거리에서 생활하는 사람'이라는 점에서 사회보장 제도가 최소한으로 보장하는 범위에도 들어가 있지 못한 경우가 많다. 더구나 노숙인이 처한 '무주거, 무직업, 무관계'의 3무(無) 상태는 인간다운 삶을 영위하는 데 심각한 위기를 초래할 수 있다. 따라서 노숙인의 자립과 자활을 위한 복합적인 지원이 절실하다. 이 과정에서 노숙인 지원 단체의 자체적인 노력도 중요하지만, 필요에 따라서는 다른 관련 기관과의 연계를 통한 다각적인 접근이 필요하다. 한 기관에서 노숙인 지원의 모든 부분을 다루는데 한계가 있기 때문에 노숙인을 위한 주거와 일자리 지원 및 그들의 자활의지 회복 등이 종합적으로 고려되어야 한다. 특히 노숙인의 자립과 자활을 위한 교육지원활동의 필요성이 점차 부각되고 있다. 고착화된 노숙인 문제에 직면하면서 주거와 일자리를 중심으로 한 노숙인 지원 정책의 한계를 경험했기 때문이다.

하지만 한국과 일본 양국의 노숙인 지원 단체의 교육지원활동에는 차이점이 존재한다. 한국은 노숙인을 대상으로 하는 교육프로그램이 강조되는 반면, 일본은 단체 실무자를 대상으로 하는 교육프로그램이 강조된다는 점이다. 이는 노숙인 지원과 관련된 두 나라의 제도적·정책적 차이에서 비롯된다. 또한 두 나라의 노숙인 관련 교육 실천경험에서 비롯된 지원 기관의 가치관과 문화의 차이도 있다. 다시 말해, 지원 단체가 노숙인 대상 프로그램을 운영하면서 얻게 된 교육에 대한 기대감과 지속적인 성공사례에 대한 긍정적 평가, 그리고 노숙인의 학습권을 인정해야 한다는 공감대 측면에서 두 나라 간의 차이가 있다.

구인회·김소영·유야마 아쓰시(2012)의 연구에 따르면 한국과 일본의 노숙인 정책은 모두 일자리 제공을 통한 자립을 강조하고 있지만, 2000년대 중반부터 일본은 주거우선 정책을 확대하며 주거지원과 함께 생활보호제도를 적극적으로 활용한 지원을 펼치고 있다. 그 결과 일본에서는 2000년대 이후 빠른 속도로 거리노숙인 수가 감소하고 있다. 한국과 일본의 기본적인 노숙인 지원의 방향에 있어 노숙인이 노동을 통해 경제적으로 점차 안정된 생활을 하면서 자립할 수 있도록 하는 것은 동일하다. 이를 성취하기 위해 어떤 제도를 활용하는지에 따라 두 나라의 교육지원활동에도 차이가 생겨나는 것이다.

한국의 경우 노숙인이 생활보호대상자로 지정되기가 쉽지 않다. 더구나 막상 생활보호대상자가 되더라도 해당되는 지원은 탈노숙에 이르는 데 근본적인 도움이 되지 않는다. 한국에서는 노숙인의 자립과 자활을 위한 사회·경제·제도적 기반이 취약한 상황에서 일시적인 일자리 제공과 주거지원의 한계가 드러났다. 따라서 자립의지를 키울 수 있도록 하는 교육지원활동을 함께 진행하는 것이 새로운 대안으로 제시되고 있다. 특히 한국의 대표적인 노숙인 지원 단체인 〈다시서기센터〉는 탈노숙과 노숙을 반복하는 노숙인에게 교육경험의 필요성을 강조하고 있다. 2005년 당시 〈다시서기센터〉의 소장으로서 「인문학과정」을 개설하고 헌신적으로 운영했던 임영인 신부[5]는 주거와 일자리, 무료급식 등의 서비스만으로는 노숙인이 주체적인 삶을 살게 되는 것이 아님을 지적하면서 노숙인의 '자존감 회복'이 급선무

5 〈다시서기센터〉 前 소장으로, 광주민주화운동에 참여하면서 수감생활을 하기도 하였고, 이후 야학교사로서, 공장노동자의 삶을 살다가 1999년 사제서품을 받았다. 노동자와 빈민 사목을 하던 그는 2005년부터 〈다시서기센터〉 소장을 역임하였고, 2009년 8월까지 「인문학과정」 학장으로 참여한 후 현재 일본에서 사목활동을 이어가고 있다.

임을 역설하였다(임영인, 2006; 2007). 그는 노숙에 이르게 된 배경에는 노숙인이 교육기회로부터 배제되었기 때문이라며 노숙인에게 스스로 성찰하며 배울 수 있는 기회를 제공해야 한다고 주장하였다(임영인, 2007: 25). 그 결과 〈다시서기센터〉는 노숙인 지원활동의 목표와 방향 설정에 중대한 전환점을 맞이하였다. 노숙인의 근본적인 자립을 위해 교육지원활동이 핵심축으로 자리 잡으면서 노숙인의 자립과 자활을 위한 통합적 관점이 구체적인 교육프로그램으로 실현되고 있다. 특히 〈다시서기센터〉는 장기 교육프로그램을 통해 일차적으로 노숙인의 자존감과 자활의지를 회복하고, 그 이후에 안정적인 주거와 일자리를 마련하는 단계를 설정하고 있다. 한 걸음 더 나아가 개인의 성장뿐만 아니라 지역사회와의 교류 및 공동체적 삶의 실현도 도모하고 있다. 즉 노숙인에게 교육기회를 제공하여 스스로 자신의 삶을 변화시킬 근원적인 힘을 키우고, 그것을 바탕으로 경제적 자립과 공동체적 삶 또한 복원하는 것을 최종적인 목표로 삼고 있다. 실제로 「인문학과정」의 경우 자기 성찰과 문화체험이라는 교육지원뿐만 아니라 취업알선과 자활근로사업 참여 등의 근로지원과 주거지원 그리고 지역사회 자원과의 연계 등을 고려한 복합적 지원체계를 구축하고자 노력하고 있다. 이처럼 한국의 노숙인 지원 단체가 펼치고 있는 교육지원활동은 철저히 노숙인에게 초점이 맞추어져 있다.

이에 반해 일본의 경우 상대적으로 실무자 대상 교육프로그램이 더 발전해 있는데 그 이유는 일본의 생활보호제도의 보장 범위가 한국의 사회보장제도 보다 크고, 탈노숙에 대한 정의가 비교적 명확하기 때문이다. 〈기타큐슈 지원기구〉의 자립지원주택에 입소한 노숙인의 경우 대부분 생활보호대상자로 선정되는데 매달 10만 엔 정도의 지원금을 받는다. 고령의 노숙인인 경우 생활보호대상이 될 가능성이 높아서 지원금을 더 쉽게 받을 수 있다. 생활보호를 통해 지원금을 받을 수 있는 기간은 6개월 정도인데, 이 기간 동안 경우에 따라 적은 액수라도 근로소득을 가지는 노숙인도 있다. 즉 지원금과 근로소득을 통해 탈노숙을 위한 최소한의 기반을 마련할 수 있다. 따라서 일본의 노숙인 지원 단체는 노숙인을 생활보호대상자로 전환시키는 것을 첫 번째 목표로 삼고 있다. 한국과 달리 일본의 생활보호제도는 특정한 주거지가 없는 상태에서도 신청할 수 있기 때문에 생활보호대상자가 되면 노숙 생활의 직접적 어려움은 대부분 해결된다. 〈기타큐슈 지원기구〉처럼 자립지원주택에 입소할 수 있는 경우는 주거 지원까지 되기 때문에 생활보호제도를 통해 받는 지원금의 실질적인 효과는 더욱 크다. 그렇지만 일본에도 노숙인의 상당수가 자세한 정보를 모른 채 생활보호제도의 사각지대에 놓여 있기 때문에 지원을 받지 못하는 경우가 빈번하다고 한다. 이 때문에 노숙인 지원의 전반을 담당하는 단체 실무자가 생활보호제도 전반에 대해 폭넓고 깊은 지식을 갖추는 것이 가장 중요하다. 실무자가 노숙인의 곁에서 처음부터 끝까지 지원할 수 있도록 전문성과 세심함을 가지도록 교육하는 것이 강조되는 이유이다.

한국과 일본 노숙인 지원 단체 간의 교육활동 차이는 교육프로그램의 효과와 목표에 대한 기대감과 공감대의 차이에서도 기인한다. 즉 교육을 통해 무엇을 기대하는가와 함께, 노숙인과 같은 소외계층에게 교육프로그램 참여경험이 어떠한 의미가 있는가를 공유하는 정도에서 양국 간에 차이가 있다. 〈다시서기센터〉의 경우 노숙인의 자존감 향상과 단절된 교육기회의 제공을 목적으로 하는 다양한 노숙인 대상 비형식 교육프로그램을 운영하면서 노숙인의 자활 및 자립에 대한 새로운 가능성을 실험하고 있다. 그 과정에서 참여 노숙인의 긍정적인 변화와 탈노숙 성공 사례들이 축적되고 있으며, 노숙인의 학습권을 적극적으로 보장하려 노력한다. 특히 노숙 이후 교육적 소외를 경험하고 있는 그들에게도 교육받을 수 있는 권리, 학습할 수 있는 권리를 보장하는 것이다. "모든 국민은 평생에 걸쳐 학습하고, 능력과 적성에 따라 교육받을 권리를 가진다"는 교육기본법 제3조의 학습권은 모든 이에게 주어지는 기본적인 인권으로서, 특권층 또는 부유층과 학령기의 청소년층만을 위한 것이 아니다(강대중, 2011: 323). 그럼에도 불구하고 아직 한국사회에서 노숙인과 같은 소외계층은 적극적으로 학습권을 보장받고 있지 못하다. 하지만 한국의 노숙인 지원 단체인 〈다시서기센터〉는 교육 공간을 마련하여 노숙인에게 교육기회를 제공하고 있다. 이는 그동안 노숙인에 대한 교육적 배제 상황을 비판적으로 바라보면서 노숙인 지원활동에 대한 교육적 접근의 중요성과 당위성을 강조하는 것이다.

> 교육이라는 것이 없다면 인간사회가 유지될 것인가, 사람이 사람답게 살 수 있을 것인가 라는 측면에서 보면 교육은 항상 필요한 거죠. 하지만 「인문학과정」을 개설하기 전에는 노숙인에게 그런 교육은 필요 없다고 생각했었던 겁니다. 밥 한 끼 주고 하룻밤 재워 주면 되는 거 아니냐며, 어떻게 보면 사람 같지 않은 사람 정도로 인식했던 거죠. 그런데 그런 프로그램을 통한 교육적 실천은 선택의 문제가 아니라, 약자든 못사는 사람이든 인간이면 기본적으로 (교육 또는 학습경험이) 반드시 필요하다는 거죠. 그동안 이 사회가 결핍시켰던 거죠. 유독 노숙인을 교육적 관점으로 접근을 안 했던 거죠. 어찌 보면 그냥 연명할 정도로만 했지, 보편적으로 제공해야 할 교육기회조차도 이 사회가 배제시켜 온 것이죠. 그래서 (인문학이나 연극프로그램처럼) 1년 과정의 교육들을 도입했던 것은 노숙인을 보통의 동일한 사람으로 바라보고 존중하면서 사람다운 사람으로 인정했기 때문이 아닐까 생각이 드는 거죠. (〈다시서기센터〉 실무자 D 인터뷰 중)

반면 일본의 노숙인 지원은 "길에서 생활하는 사람"을 "길에 있지 않게" 하는 것에 집중되어 있다. '반주형지원사' 자격 제도 도입을 가능하게 한 일본의 생활보호제도는 이러한 지원활동이 가능한 맥락이다. 그러나 노숙은 단순히 주거와 일자리의 문제가 아니라 사회적 관계의 문제로서, 주거와 일자리를 잃는 과정에서 생애사적으로 누적된 결핍이 존재한다(강대중, 2012)는 측면에 주목할 필요가 있다. 이와 같은 결핍은 주거와 일자리를 제공하는 것으로 단기간에 극복되기 어려울 수 있다. 일본에서 생활보호제도의 도움을 받을 수 있는 기간은 6개월에 불과하며 그동안 자립기반을 갖추지 못할 경우에는 다시는 이 제도의 도움을 받을 수 없다. 이러한 상황에 처할 경우 노숙은 일생 벗어날 수 없는 굴레가 될 가능성이 크다. 〈기타큐슈 지원기구〉에서 활동하였던 E씨는 생활보호 혜택을 받고도 자립에 실패한 노숙인들은 지원 단체의 활동 반경에서도 벗어나는 경우가 많다고 지적하였다.

한국과 일본의 노숙인 지원 단체들은 비형식과 무형식을 넘나들며 다양한 교육지원활동을 펼치고 있다. 이는 노숙인에 대한 물질적·경제적 지원이 가진 한계에 대한 방증임과 동시에 노숙인의 자립과 자활을 위한 종합적인 방안에 대한 보색이라 할 수 있다. 그리고 이러한 모색에는 노숙인의 인권, 특히 교육받을 수 있는 권리와 학습할 권리에 대한 인식이 깔려 있다. 노숙인의 '3무(無) 상태'를 극복하기 위해서는 주거와 일자리 지원뿐만 아니라 스스로 자립 의지를 다질 수 있는 계기와 관계의 회복이 필요하다. 이를 위해서는 다양한 교육지원활동에 대한 배려와 이해가 뒷받침되어야 한다. 한일 양국에서 운영하고 있는 교육프로그램은 '노숙인'과 그들을 지원하는 '실무자'를 각각 강조한다는 점에서 차이가 있지만, 노숙인의 자립과 자활을 위해 보다 다양하고 풍부한 관점을 수용하고 근본적인 해결책을 고민한다는 점에서 상호 보완적인 관계에 있다. 노숙인 문제의 실질적이고 근본적인 해결을 위해서는 제도적 안전망인 생활보호제도를 견고하게 구축하고, 노숙인의 실존적 문제와 인권을 존중하며 지원 단체 실무자와 노숙인이 "함께 달리는(伴走)" 것이 필요하기 때문이다. 이를 위해 한국과 일본 두 나라의 지원 단체들이 상대방 교육활동의 장점을 이해하고 서로 배울 필요가 있다.

참고문헌

강대중(2012). 「노숙생활의 진입과 탈출: 학습생애사적 접근」, 구인회·정근식·신명호 편. 『한국의 노숙인: 그 삶을 이해한다는 것』, 서울대학교출판문화원.

강대중·박지숙·김의태(2013), 「한-일 노숙인 지원 단체의 교육지원활동 비교연구」, 『아시아교육연구』 14(1): 1-28.

구인회·김소영·유야마 아쓰시(2012). 「한국과 일본의 노숙 문제 비교 연구」, 『경제와 사회』 96: 328-359.

김수현(2010). 「한국과 일본의 노숙인 비교 — 고령 노숙인이 많은 이유에 대한 시론」, 『서울도시연구』 11(1): 139-159.

김의태·강대중(2012). 「노숙인 자립을 위한 인문교양교육의 가능성 — 〈성프란시스대학 인문학과정〉을 중심으로」, 『평생교육학연구』 18(3): 197-226.

김종서·김신일·한숭희·강대중(2011). 『평생교육개론』, 교육과학사.

서울특별시립 다시서기상담보호센터(2010). 2009년도 다시서기 사업보고서.

서울특별시립 다시서기상담보호센터(2011). 2010년도 다시서기 사업보고서.

서종균(2011). 『2010년 거리 노숙인 조사결과 보고. 2010년 전국홈리스 실태조사 결과발표회 자료집』 5-29, 프란시스코 교육회관(2011. 1. 27).

성프란시스대학 인문학과정(2012). 『거리의 인문학』, 삼인.

신명호(2011). 「노숙발생 원인에 관한 연구: 한국 남성 노숙자의 사례를 중심으로」, 『도시와 빈곤』 90: 13-44.

신명호(2012). 「노숙인의 심리상태와 탈노숙 지원 방안」, 구인회·정근식·신명호 편, 『한국의 노숙인: 그 삶을 이해한다는 것』, 서울대학교출판문화원.

임영인(2006). 「노숙인을 위한 인문학교육 성프란시스대학 인문학과정」, 2006 얼쇼리스 초청 국제세미나 워크숍 "한국형 〈클레멘트 코스〉 설립을 위한 실제", 다시서기센터, pp. 8-19.

임영인(2007). 「인문학 교육으로 노숙인에게 희망을」, 『경향잡지』 5월호, 한국천주교중앙협의회, pp. 22-25.

임철우·우기동·최준영(2008). 『행복한 인문학: 세상과 소통하는 희망의 인문학 수업』, 이매진.

프락시스(2011). 『2011 지역사회문화예술교육지원사업 연구보고서』.

홈리스지원 전국네트워크(2011). 「2011년도 반주형생활지원사 인정강좌 안내자료」(미간행 자료).

Aoki, H.(2006). *Japan's underclass: Day laborers and the homeless.* (Trans. by Teresa Castelvetere). Melbourne, Australia: Trans Pacific Press.

Drury, D. & Koloski, J.(1995). *Learning to hope: A study of the adult education for the homeless program.* Washington DC: Pelavin Associates, Inc.

Howard, P., Marchant, T., Hampshire, A., Butcher, J., Egan, L., & Bredhauer, K.(2008). "Promoting social inclusion: Emerging evidence from the catalyst-clemente program," *Australian Journal of Adult Learning* 48(3): 479-501.

Merriam, S. B., Caffarella, R. S., & Baumgartner, L.(2007). *Learning in Adulthood*(3rd ed.). San Francisco: Jossey-Bass.

Office of Vocational and Adult Education(1998). *Adult Education for the Homeless: A Program in Jeopardy.* Washington, DC: Division of Adult Education and Literacy, US Department of Education.

Rivera, L.(2003). "Changing women: An ethnographic study of homeless mothers and popular education," *Journal of Sociology and Social Welfare* 30(2): 31-51.

Stevenson, J., Yashin-Shaw, I., & Howard, P.(2007). *Reclaiming bodily dispositions through the humanities: Homeless people learning. Journal of Vocational Education and Training* 59 (4): 419-434.

〈가마가사키 지원기구〉, http://www.npokama.org

〈고향의 모임〉, http://www.hurusatonokai.jp

〈서울특별시립 다시서기상담보호센터〉, http://www.homelesskr.org

제5장

민간단체를 통해서 본 노숙인 지원 제도의 특성 비교

신명호 · 유야마 아쓰시

1. 머리말

한국은 1997년 말, 외환위기로 대량실업이 발생하면서 노숙인의 수가 급증했고 노숙인 문제가 주요한 사회 이슈로 등장하였다. 경제위기의 초기였던 1998년 4월, 650명으로 집계되었던 서울시의 노숙인 수는 그로부터 2년 후인 2000년 4월, 3,429명을 기록하였다(서울시노숙자대책협의회, 2000).

이전까지 한국에서 노숙인은 정신질환자, 근로능력이나 근로의지가 없는 떠돌이(浮浪者) 등으로 인식되었으나 대규모 실업사태를 계기로 '실직노숙인'[1]라는 개념이 생겨났다. 그와 동시에 그들이 겪는 불행을 개인의 잘못이나 책임으로 돌리기보다 경제구조의 희생자라는 쪽으로 해석하는 시각과, 따라서 그들에 대한 대책 역시 정부가 나서야 한다는 인식이 싹트기 시작하였다. 그리하여 이들에게 숙식과 일시적 보호를 제공하기 위한 노숙인 쉼터들이 빠르게 확산되었

1 노숙인 문제에 대응해서 1999년 최초로 생겨난 민간단체 조직의 명칭도 '전국실직노숙자대책 종교·시민단체협의회'였다. 경제위기로 인해 노숙인이 된, 즉 부랑인과는 구별되는 존재라는 점을 강조하기 위해 '실직'이라는 표현을 넣었다.

고, 쉼터의 개설 이후에 일시적으로 감소하는 듯하던 거리노숙인의 수가 다시 증가하자 거리노숙인을 위한 새로운 지원체계로서 상담보호센터가 문을 열었다. 그리고 이러한 시설들은 주로 민간의 사회복지기관이나 종교단체에 의해 운영되어 왔다.

한편, 일본은 1990년대 초, 소위 거품경제가 붕괴되면서 건설일용 노동자들의 일자리가 줄어들었고 그 결과 요세바(寄せ場, 인력시장)와 도야(ドヤ, 간이숙박소)를 중심으로 노숙인들이 늘어나기 시작하였다. 그러나 2000년대에 들어서면서 건설노동자 출신이 아닌 새로운 유형의 노숙인들이 출현하였고, 마침내 계층적 배경을 막론하고 거리노숙인의 수가 급증하면서 일본 정부도 대책 마련을 서두르게 된다.

한국과 일본은 서구에 비해 노숙인의 평균연령이 상당히 높고 소득 활동을 계속하는 비율이 높은 등의 특징이 나타나고 있다. 이처럼 국가 간 상이한 현상의 이유를 밝히기 위해서는 다각적 관점에서의 실증적인 분석이 필요한데 이러한 차이의 배경을 체계적으로 입증한 연구 성과는 아직 없다. 다만 추론에 의한 가설의 수준이긴 하지만 한·일 두 나라의 노숙인이 상대적으로 고령층인 것은 한국과 일본의 사회안전망이 서구에 비해 그만큼 취약하고 미성숙하기 때문이라는 설명이 있다. "고령 노숙인마저 거리에서 보호하지 못하는 낮은 수준의 복지제도 문제"가 원인이라는 해석이다(김수현, 2010). 이러한 주장의 사실 여부는 후속 연구들을 통해서 밝혀질 테지만, 우리가 여기서 다시금 주목하게 되는 것은 나라마다 다르게, 때로는 유사하게 보이는 복잡다단한 노숙인 현상이 각국의 사회보장제도와 일정 부분 관련이 있을 수 있다는 점이다.

노숙인 지원체계와 관련해서 한·일 양국은 서로의 제도를 모방함으로써 동형화(同形化)되는 경향이 있다고 하지만, 큰 그림 안의 세밀하고 구체적인 부분으로 들어가면 두 나라 사이에도 주요한 차이점들이 발견된다.

이 글은 한국과 일본의 노숙인 지원체계 안에서 민간단체의 역할과 성격이 어떠한지를 살핌으로써 양국 노숙인 지원 제도 사이에 어떤 유사점과 차이점이 있는지를 밝히고자 한다. 일반적으로 노숙인 지원 정책을 펴는 나라들은 관련법과 제도에 의거하여 예산을 배정하고 행정적 조처를 하지만 실제로 노숙인과 접촉하고 그들에게 서비스를 제공하는 일은 상당 부분 민간단체에 의존하는 경향이 있다. 한국과 일본 역시 이런 점에서 예외가 아니다. 그러나 민간 부문이라 통칭되는 이 영역에서 활동하고 있는 사람들의 성격과 역할 등에서는 두 나라 사이에 차이가 있을 수 있고, 이것이 노숙인 지원 제도의 특성 차이를 이루는 중요한 요소가 될 수 있다. 그런 점에서 이 글은 노숙인 지원 활동을 하는 양국의 민간단체들의 실태와 특징을 비교 분석하는 데 초점을 맞추고자 한다.

2. 선행연구에 대한 검토

이제까지 한국과 일본의 노숙인 문제를 비교 연구한 논문들은 극히 적다. 2010년 '한국과 일본의 홈리스 복지정책 경험 비교' 국제세미나가 있었으나 여기서 발표된 논문들은 한일 간 비교 분석을 시도한 연구라기보다 주로 자기 나라의 노숙인 문제를 다룬 단일사례연구가 대부분이었다. 그나마 한국인 연구자들에 의한 한일 간 노숙 비교 연구의 성과물은 소수 발견되지만(윤일성, 2002; 김수현, 2009), 일본인 연구자에 의한 양국 비교 연구는 좀처럼 찾아볼 수 없다. 한편, 이 글이 주제로 삼고 있는 노숙인 지원 민간단체들에 관해서는 한국에서 제대로 된 문헌자료를 거의 찾을 수 없었다. 한국의 노숙인 지원 민간단체의 실태에 관한 자료로는 서울시노숙자대책협의회(2000)와 성공회대 사회복지연구소(2011) 보고서의 복지시설 현황 자료가 거의 유일하다시피하다. 반면 일본의 경우에는 몇 건의 조사와 연구가 있었다.

일본 자료로는 稲田·水内(2009), 水内·中山(2009), 垣田(2011) 등이 일본의 노숙인 지원 활동에서 민간단체가 하는 역할과 비중, 지자체와의 관계 및 재원의 문제 등을 다루고 있다. 또 白波瀬(2010)와 山北(2010) 등은 노숙인 지원 민간단체들이 생겨난 역사적 배경과 과정에 관해서 기술하고 있다. 日本総合研究所(2011)와 厚生労働省(2011)의 보고서는 노숙인 지원 단체들의 규모, 활동 내용, 직원 구성 등의 실태에 관한 정보를 담고 있고, 민간연구소인 ハウジングアンドコミュニティ財団(2007)의 보고서는 노숙인에 대해 주거지원을 하는 NPO 단체의 사례를 소개하고 있다. 또한 沖野(2012)는 2002년 「홈리스특별법」이 제정되고 정부로부터의 사업 위탁 등 가용 자원이 늘어나면서 민간단체의 활동이 다양화되고 활성화되는 과정을 보여주고 있으며, 渡辺(2008)은 도쿄도 상야(山谷) 지역의 노숙인 지원 민간단체를 'NPO 법인이 되고 사업체로 활동하는 단체', '사회운동의 성격이 강한 단체', '기존 활동방식을 유지하는 단체' 등으로 유형화하고 있다. 그리고 萩原(2010)는 노숙인의 주거지원 수단으로 활용되고 있는 '무료저액숙박소'나 '제로제로 물건' 등의 실태와 주거취약계층을 돕는 민간단체의 활동에 관해 기술하고 있다.

문헌자료를 분석하는 과정에서 발견하게 되는 한일 간의 특징적인 차이점은 한국의 노숙인 지원 민간단체는 주로 정부로부터 제도화된 시설의 운영을 위탁받아서 하는 사업에 주력하는 데 비해, 일본 민간단체의 경우는 제도권 밖에서의 독자적인 사업의 비중이 훨씬 높다는 것이다. 이에 관해서는 이 글의 4절에서 본격적으로 다룰 것이다.

3. 노숙인 지원 제도

1) 한국의 노숙인 지원 제도

한국의 노숙인 지원 제도는 거리노숙인을 시설에서 보호하는 정책 위주로 진행되어 왔다. 2012년 「노숙인 등의 복지 및 자립지원에 관한 법률」(이하 「노숙인복지법」)이 시행되기 전까지 시설이라 함은 주로 노숙인 쉼터와 상담보호센터를 가리켰다.

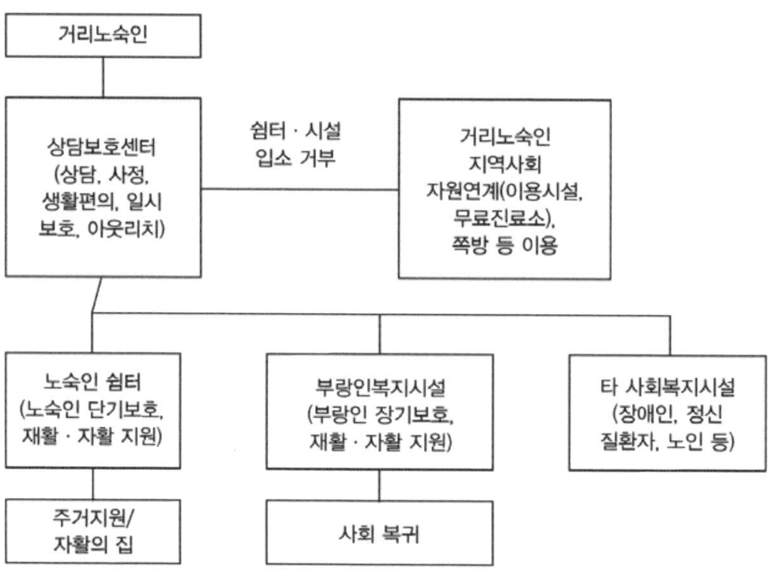

자료: 남기철(2011).

〈그림 5-1〉 노숙인 복지체계

1998년 외환위기로 인해 거리노숙인이 대규모로 발생하면서 그 전까지 있던 부랑인 시설 외에 이른바 '실직노숙인'에게 숙식과 보호를 제공하기 위한 시설로서 노숙인 쉼터들이 설치되었다. 2012년 6월 말 현재 전국에는 75개의 노숙인 쉼터가 있다. 노숙인 쉼터들이 일거에 늘어나면서 거리노숙인의 수가 일시적으로 감소하는 듯하였으나 2000년을 넘어서면서 다시 서서히 증가하는 양상을 보였다. 이에 거리노숙인에 대한 대응체계에 문제가 있다는 지적이 일면서 현장에서의 상담과 아웃리치 활동을 더욱 강화한 상담보호센터(drop-in center)가 대도시의 거리노숙인 밀집지역 중심으로 개설되었다(2012년 6월 말 현재 전국의 노숙인 상담보호센터는 10개소이다).

노숙인 쉼터와 상담보호센터의 법적 설치 근거는 「사회복지사업법」(제34조 제1항 및 2항)으로서, 사회복지시설 가운데 하나로 노숙인을 입소시켜 숙소를 제공하고 재활 및 자활 프로그램을 운영하는 등의 서비스를 제공하거나(쉼터) 혹은 노숙인을 상담하고 이들을 노숙인 쉼터 등의 사회복지시설에 인계하거나 이들에게 일시적으로 생활편의를 제공하고 보호하는 시설(상담보호센터)이라고 되어 있었다.

「노숙인복지법」이 제정되기 전까지는 「사회복지사업법」의 "부랑인 및 노숙인 보호시설 설치·운영 규칙"(보건복지부령)에 의거해서 부랑인 시설은 부랑·노숙인의 생활시설로, 노숙인 쉼터와 상담보호센터는 부랑·노숙인의 이용시설로 분류되어 왔다. 그러나 상담보호센터에도 응급잠자리가 있어서 사실상 숙식 지원의 기능을 하고 있기 때문에 이것을 생활시설이 아니라고 볼 수 있는 근거는 명확하지 않았다. 그리하여 명목상으로는 위의 각종 시설이 숙식을 제공하는 것 외에 재활과 자활 지원, 취업 알선 등을 통해 거리노숙인의 사회복귀를 돕는다고 되어 있지만, 이 같은 시설 중심의 지원체계는 실제로 탈노숙의 효과를 발휘하지 못해 왔다. "부랑인복지시설과 노숙인 쉼터에서는 주거 지원이나 일자리 지원 등의 프로그램이 연계되지 않고, 입소 생활자의 심리사회적 장애요인이 커서 지역사회로의 복귀가 이루어지지 못하고 입소자의 정체 현상이 두드러진다. 정부와 지방자치단체는 거리의 노숙인이 눈에 띄는 경향을 줄이기에 급급해서 상담보호센터에 의식주의 기능을 추가로 부여하기도 하고, 거리노숙인의 증감에 따라 응급 수용시설의 개폐를 반복하곤 한다" (남기철, 2011: 132).

이 같은 노숙인 지원체계의 문제점을 지적하면서 그동안 노숙인 옹호 활동을 벌여온 시민사회단체들은 노숙인의 인권을 보호하기 위한 지원법의 제정을 줄기차게 요구해 왔다. 이에 정부도 「사회복지사업법」에 의거한 현행 지원 정책이 시설 퇴소 후 지역사회로 복귀하는 데 실효성이 없음을 인정하고, 노숙인과 부랑인으로 이원화되어 있는 지원체계를 통합하는 「노숙인복지법」을 2011년 제정하기에 이르렀다.

〈그림 5-2〉는 「노숙인복지법」에 따라 기존의 노숙인시설들을 재편한 체계도이다. 이 체계에 의하면 전국의 노숙인 쉼터는 '노숙인자활시설'로 개편하여 근로능력 및 의지가 있는 노숙인 등에 대한 자립지원(직업상담과 훈련)을 담당하는 시설로 특성화하고, 노숙인 상담보호센터는 노숙인 등에 대한 주거·의료·고용 상담 및 복지서비스 연계, 응급조치, 복지서비스 이력 관리 등을 담당하는 '종합지원센터'로 확대 개편하도록 되어 있다. 「노숙인복지법」은 부칙 제2조에서 기존의 부랑인복지시설 및 노숙인 쉼터는 이 법에 따라 설치된 노숙인복지시설로, 상담보호센터는 노숙인종합지원센터로 본다고 규정하고 있다. 그리고 국가와 지방자치단체는 노숙인 등에게 주거지원, 급식지원, 의료지원, 고용지원, 응급조치 등 복지서비스를 제공할 수 있도록 하였고 ① 주거지원으로는 시설보호, 임대주택 공급, 임시주

거비 지원, ② 급식지원으로는 노숙인 급식시설의 설치·운영, ③ 의료지원으로 노숙인 진료시설의 설치·운영, 국공립병원·보건소·민간의료기관의 (노숙인 진료시설로) 지정, ④ 고용지원으로는 공공일자리 제공, 고용정보 제공, 취업알선, 직업능력개발, ⑤ 응급조치에 관해서는 중대한 질병, 동사(凍死) 등 응급상황 발생 시 경찰 또는 노숙인 관련 업무 종사자가 응급조치를 실시하도록 한다고 명시해 놓고 있다.

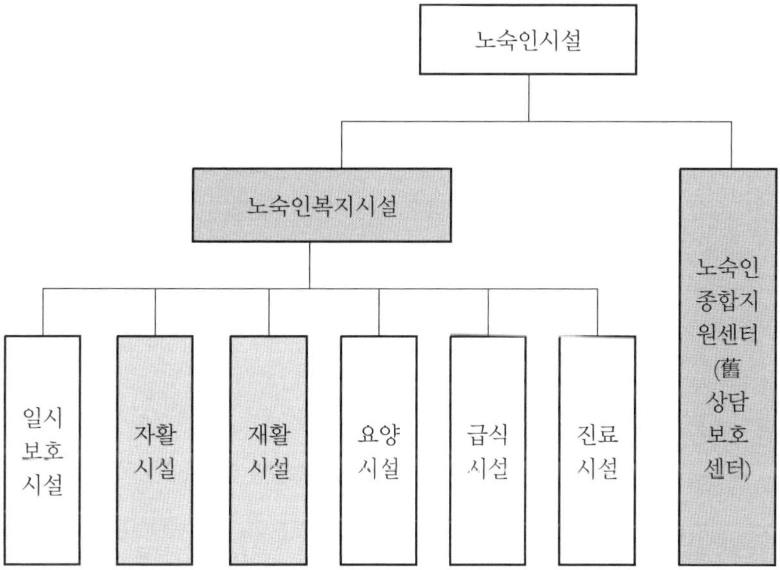

자료: 보건복지부(2011).

〈그림 5-2〉 노숙인시설 체계도

그러나 이상의 내용은 이제까지 실시해 오던 프로그램들을 다시 종합한 것에 불과하며, 노숙인 등에게 종래에 없던 새로운 복지 혜택의 수급 자격(entitlement)을 부여하였거나 지금까지 미비하였던 서비스를 대폭 확충할 만큼 예산을 증액한 것도 아니어서 과연 얼마만큼의 실질적인 변화가 있을지 장담하기 어렵다. 무엇보다 한국의 노숙인 지원 제도는 일시보호 위주의 시설 중심 지원 체제라는 특징이 있는데, 이것은 다른 한편으로 더욱 안정적인 장기 주거와 일자리의 제공이 소홀하게 다루어지고 있다는 의미이기도 하다. 그런 점에서 과연 새로운 지원체계가 이러한 문제점들을 개선할 수 있을 것인지에 대해 확신을 주지 못하고 있는 것이 사실이다.

「노숙인복지법」이 명시하고 있는 이상의 프로그램들 외에 노숙인의 주거를 지원하는 제도로서 임시주거비 지원사업과 매입임대주택 지원사업이 있다. 임시주거비 지원사업은 민간기구인 사회복지공동모금회가 사업비를 제공하고, 노숙인 지원기관을 통해 저렴한 월세방(쪽방, 고시원 등)을 구한 노숙인에게 매월 20만 원씩, 2~3개월간 임대료를 지원해 주는 프로그램이다. 보통 주민등록이 없거나 주소지가 일정하지 않아서 국민기초생활보장법 상의 수급자 자격을 얻지 못했던 노숙인들에게 주거를 마련해 주면 그들이 공공복지 서비스의 수혜 기회를 회복하는 효과를 가져다준다. 이 사업은 2006년부터 시작되어 2010년까지 약 3,000명에게 주거비를 지원하였고, 이 가운데 80%는 거리노숙인으로 돌아가지 않고 월세방을 계속 유지하는 것으로 보고되고 있다(남기철, 2011: 148).

〈표 5-1〉 노숙인 주거지원 시설 및 사업

시설 및 사업 명칭	근거법	급여	전달체계	재원
노숙인 쉼터 (⇒노숙인 자활시설)	사회복지사업법 (⇒ 노숙인 복지법)	공동생활 통한 의식주 지원 (재활·자활 프로그램의 수행, 후속 주거지원 일부 연계)	정부→ 지자체→ 민간단체	공공재원 + 민간재원
노숙인상담보호센터 (⇒노숙인 종합지원 센터)		거리노숙인에 대한 응급잠자리 지원 (임시주거지원 및 임대주택 연계 상담, 생활시설 입소 연계)	정부→ 지자체→ 민간단체	공공재원 + 민간재원
임시주거비 지원	사회복지공동모금회법	지역의 저렴주거 제공 (단기간의 임대료 지원, 공공서비스 연계, 행정지원 및 사례관리)	사회복지공동모금회→ 민간단체	민간재원
매입 임대주택 지원	임대주택법	저렴한 임대료의 임대주택 제공 (사례 관리, 공공서비스 연계)	정부, LH공사, 주거복지재단, 민간단체	국고 및 기금

자료: 남기철(2011)의 〈표 4-3〉을 수정 변형함.

한편 매입임대주택 지원사업은 한국토지주택공사(LH공사)가 일정한 절차에 의해 선정된 운영기관과 동별 임대차계약을 맺고, 운영기관으로 하여금 입주자 선정과 관리, 입주자에 대한 복지서비스 제공 등의 자활 지원, 그리고 임대료와 공과금의 징수 및 관리를 하도록 위탁하는 제도이다. LH공사는 다가구와 다세대 주택을 매입하여, 시세의 약 1/3 선에서 운영기관으로 하여금 보증금과 월세 부담이 가능한 노숙인에게 임대하도록 한다. 이 사업의 재원은 국고와 국민주택기금이며, 운영기관은 주거복지재단이 민간복지단체 가운데서 선정한다. 전체 목표 물량(2007년부터 2012년까지 5,173가구) 가운데 실제로 노숙인들에게 지원된 것은 수백 가구 정도이다. 이상의 노숙인 주거지원 시설 및 사업들을 정리해 보면 〈표 5-1〉과 같다.

2) 일본의 노숙인 지원 제도

일본의 노숙인[2] 지원 정책은 도시 규모, 도시 재정, 노숙인의 수, 공적 자원 규모, 중간단체 수, 행정-민간 관계 등에 따라 지역마다 다양하게 이루어지고 있는데, 기본적으로 노숙인 지원 정책은 노숙 전(노숙예방), 노숙 중(아웃리치, 식사제공, 숙소제공), 탈노숙(중간시설, 취업지원, 생활보호, 주거지원), 탈노숙 후(사후지원)에 걸쳐 노숙생활의 각 단계에 맞는 여러 가지 활동이 이루어지고 있으며, 그 과정에서는 행정기관과 다양한 민간단체들이 활동하고 있다.

일본의 노숙인 지원 제도는 1990년대 후반까지 생활보호법에 의

2 일본은 노숙인을 보통 '홈리스'로 호칭하므로, 이하에서 일본 고유의 법령이나 사업 및 프로그램을 지칭할 때는 일본식 표현 그대로 '홈리스'라는 용어를 사용하기로 한다.

한 국가적 보호와 지자체에 의한 독자적 지원[3]으로 구성되어 왔는데(山田, 2009: 18), 1990년대 후반 이후 노숙인이 급증함에 따라 지자체 차원의 대책이 한계를 보이기 시작하였다. 2002년에 「홈리스의 자립 지원 등에 관한 특별조치법」(이하 「홈리스특별법」)[4]이 제정되면서 취업지원 정책을 비롯한 생활보호제도 이외의 전국적 노숙인 정책이 마련되게 되었는데, 이 법률에 기초한 지원 정책은 노숙인이 많은 대도시에 집중되었다(垣田, 2011: 235-236). 노숙인을 위한 자원으로서는 노숙인 지원에 이용되는 시책(「홈리스특별법」), 기존 제도(생활보호제도), 시설(자립지원센터, 구호시설·갱생시설 등의 생활보호시설, 의료기관, 무료저액숙박소 및 유료 노인홈 등의 거주시설), 서비스(순회상담사업), 그리고 NPO 등 민간단체에 의한 지원활동(식사제공, 상담지원 등)이 있는데, 노숙인 대책의 실시 여부를 4대 도시(도쿄, 요코하마, 나고야, 오사카)의 지자체와 그 외 지역의 지자체로 나누어 보면 4대 도시 지자체의 약 3분의 2가 노숙인 대책을 실시하고 있는 반면 그 외의 지자체에서는 90% 이상이 노숙인 대책을 실시하고 있지 않다(垣田, 2011: 241). 또 행정기관의 노숙인 대책을 보완하는 식으로 활동하고 있는 NPO 등 민간단체의 경우 약 80%의 정령지정도시, 90%의 지방도시에서 노숙인 지원 단체가 없는 것으로 나타났다.

3 상야(도쿄)나 가마가사키(오사카)와 같은 대규모 '요세바'가 있는 지자체에서 '법외원호(法外援護)'라는, 생활보호법에 의거하지 않는 지원(식사나 숙박소를 제공)으로 이루어졌는데, 이는 생활보호보다 각 지역의 현실에 맞춘 지원으로서 실시된다(山田, 2009: 44). 예를 들어, 겨울에는 '요세바'가 있는 상야(도쿄) 지역에서 도쿄도가 월동(越冬)대책사업을 실시한다.

4 2002년 8월 7일 이 법률이 공포될 때는 10년간의 한시적 조치로 시행되었는데, 2012년 6월 20일에 참의원 본회의에서 5년 연장안이 통과됨으로써 2017년 8월 6일까지 효력이 이어지게 되었다.

〈표 5-2〉 지역별로 본 노숙인 대책 실시 여부

지역 구분		실시하고 있다	실시하고 있지 않다	합계
4대 도시	지자체 수(%)	17(65.4)	9(34.6)	26(100.0)
기타	지자체 수(%)	48(7.5)	590(92.5)	638(100.0)
합 계	지자체 수(%)	65(9.8)	599(90.2)	664(100.0)

자료: 厚生勞働省(2007); 垣田(2011: 242)에서 재인용.

전국적으로 실시되는 노숙인 지원 사업은 홈리스총합상담추진사업, 홈리스자립지원사업, 그리고 홈리스긴급일시숙박사업 등이 있는데, 그 개요는 〈그림 5-3〉과 같다.

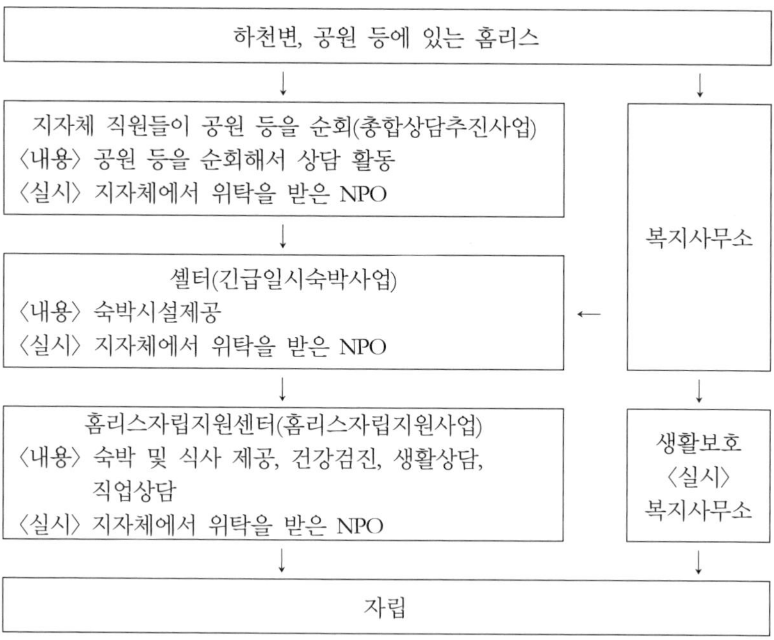

자료: 厚生労働省(2006).

〈그림 5-3〉 일본 노숙인 정책의 개요

일본의 노숙인 정책은 노숙인이 복지사무소를 능동적으로 찾아감으로써 작동하는 경로와 지자체에서 위탁받은 NPO 단체[5]가 노숙인을 적극적으로 찾아가 그들을 정책으로 연결하는 두 가지 경로가 있다.

먼저 총합상담추진(總合相談推進)사업이란 공원 등 노숙인들의 생활 장소를 찾아가 노숙인에게 상담 기회를 제공하는 사업이고, 2011년 현재 53군데 지자체에서 사업이 이루어지고 있다. 긴급일시숙박사업은 주로 노숙인들에게 하룻밤의 잠자리를 제공하기 위하여 가설일시피난소(셸터)를 운용하는 사업인데, 그 외에도 건강진단 실시, 취업정보 제공, 그리고 노숙인 지원서비스 안내 등의 역할도 맡고 있다. 가설일시피난소(셸터)는 2011년 현재, 시설형 시설이 2군데 지자체에 5개 시설(정원 1,514명), 매입형 시설이 40군데 지자체에 63개 시설(정원 652명)이 있다. 또 홈리스자립지원사업이란 홈리스자립지원센터에서 이루어지는 사업으로 숙소·식사·목욕·의류 제공, 기본적 생활상담, 취업상담, 건강상담(필요에 따라 생활보호로 치료도 제공), 주민등록, 거주환경 확보 등 긴급일시숙박사업보다 긴 기간에 걸쳐서 다양한 서비스를 제공하는 사업이다. 자립지원센터는 2011년 현재, 11군데 지자체에 24개의 시설(정원 1,958명)이 설치되어 있다. 그 외에도 사회복지법에 근거한 시설로서 무료저액숙박소(2009년 현재 439개

5 일본에서는 1995년 1월 한신·아와지 대지진을 계기로 하여 비영리단체의 역할이 주목을 받으면서 1998년 3월에 「특정비영리활동촉진법」이 제정되었고 2001년에 경제산업성(經濟産業省)에 설치된 "일본판 PPP연구회"에서 행정, 영리기업, 그리고 비영리조직이 동등한 입장에서 새로운 공익을 실현하도록 제창하였으며, 2003년 현재 비영리조직과 협동사업을 실시하는 지자체는 도도부현별로 98%, 정령지정도시(政令指定都市)로 100%에 달하였다(坂井, 2005: 46).

시설, 정원 14,089명), 간이숙박소(2만 개의 방, 생활보호법의 주택부조가 제공됨), 원룸(2009년 현재 12,587개의 방, 생활보호법의 주택부조가 제공됨) 등이 있고, 또 복지적 특징이 강한 시설로서 생활보호법에 근거한 구호시설이나 갱생시설이 있는데, 이는 한국의 부랑인 시설 및 기타 복지시설에 해당한다고 할 수 있다.

그러면 생활보호제도와 노숙인 지원 정책의 관계는 어떠한가? 먼저 거리노숙의 상태를 벗어났을 때 일단 시설에 입소하는 경로와 직접 일반주택에 입주하는 두 개의 경로를 생각할 수 있다. 시설에 입소한다고 해도 위와 같이 여러 시설을 생각할 수 있는데, 시설의 각 종류와 생활보호의 관계를 살펴보면 〈표 5-3〉과 같다.

〈표 5-3〉 일본의 노숙인 주거지원 시설 현황

시설	시설 수 및 수용 가능 인원수
가설일시피난소(셸터)	2011년 현재 시설형 시설이 2군데 지자체에 5개 시설(정원 1,514명), 매입형 시설이 40군데 지자체에 63개 시설(정원 652명)
자립지원센터	2011년 현재 11군데 지자체에 24개 시설(정원 1,958명)
무료저액숙박소	2009년 현재 439개 시설(정원 14,089명)
간이숙박소	2만 개의 방. 생활보호법의 주거부조가 제공됨.
원룸	2009년 현재 12,587개 방. 생활보호법의 주택부조가 제공됨.
구호시설	생활보호법에 근거한 시설. 2009년 현재 188개 시설(정원 17,000명)
갱생시설	생활보호법에 근거한 시설. 2008년 현재 20개 시설(정원 1,744명)

자료: 水内(2010)를 참조.

각 시설에 대해서 보면 어느 시설이든 생활보호와 관련되는데, 주로 대도시에 설치된 자립지원센터는 이용자의 대부분이 생활보호법상의 부조를 수급 받게 되고, 무료저액숙박소의 경우는 입소했을 때에 거의 모두 생활보호를 적용받아서 그 급여로 숙박비를 지불하고 있다. 시설 중에서도 보호시설(구호시설, 갱생시설)의 경우는 생활보호에 의한 생활부조나 주거부조를 받아 입소하기 때문에 당사자가 시설에 입소하면 시설에 생활보호 급여가 지불된다. 노숙 상태에서 긴급 입원할 경우도 생활보호에 의한 의료부조가 제공된다. 또 노숙 상태에서 일반주택으로 입주할 경우에도 근로에 의해 100% 수입을 얻는 사람이나 연금으로 생활할 수 있는 사람을 제외하고 대부분 입주자가 생활보호급여를 받는다. 水内·渥美·蓬莱(2007: 138)는 이와 같은 사실에 기초하여 노숙 상태를 탈출하는 사람의 90% 이상은 생활보호를 이용하고 있다고 추정한다.

〈표 5-4〉 일본의 노숙인시설과 생활보호의 관계

근거법	일반 명칭	시설 명칭	생활보호 여부
홈리스특별법	홈리스자립지원 사업	홈리스자립지원 센터	의료부조만 수급 (비수급자도 포함)
홈리스특별법	홈리스긴급일시 숙박사업	가설일시피난소 (셸터) 공원숙박소	의료부조만 수급 (비수급자도 포함)
생활보호법	보호시설	갱생시설	생활부조
생활보호법	보호시설	구호시설	생활부조
사회복지법	제2종 사회복지시설	무료저액숙박소	거의 생활보호 수급
의료법	의료제공시설	병원	의료부조

자료: 水内 외(2007: 137).

「홈리스특별법」의 기본방침은 사회복지법에 규정된 무료저액숙박사업[6]을 실시하는 시설(무료저액숙박소)을 "노숙인들이 거택생활로 이행하기 위한 지원을 제공하는 장소"로 규정함으로써 무료저액숙박소의 이용을 촉진하는 것이었다.

「생활보호법」에 근거한 시설들은 제1종 사회복지사업에 속하는 시설로 이용자에 대한 영향이 큰 시설형 서비스이고, 그 운영주체가 행정기관 또는 사회복지법인에 제한되는 반면에 무료저액숙박소는 제2종 사회복지사업에 속하는 시설로 비교적으로 이용자에 대한 영향이 적고 신청만 하면 누구나 운영할 수 있도록 정해져 있다. 따라서 그 운영주체의 법인도 법인격이 다양한데, 주로 NPO 법인에 의하여 운영되고 있다(표 5-5).

〈표 5-5〉 무료저액숙박소의 법인격별 시설 수

법인격	사회복지법인	17개
	사단법인·재단법인	12개
	NPO 법인	339개
	영리법인	25개
	기타	46개
전체		439개

자료: 厚生勞働省(2009).

6 생활이 어려운 자를 위하여 무료 또는 저렴한 요금으로 간이주택을 대여하거나 숙박소 또는 기타 시설을 이용하게 하는 사업.

4. 노숙인 지원 민간단체의 성격 비교

노숙인을 정의하는 데 한국과 일본은 모두 거리노숙인과 쉼터 등 임시주거시설의 생활자를 합쳐서 노숙인으로 규정하는 경향이 있다. 여인숙이나 간이숙박소처럼 장기거주시설로 보기 어려운 시설에서 기거하는 사람이나 더 나아가 친척이나 친구 집에 임시로 사는 경우와 같이 주거가 불안정한 사람까지를 넓은 범주의 노숙인으로 규정하는 유럽과는 대비되는 현상이다. 한국의 거리노숙인은 주로 역 주변에서 생활하는 데 비해 일본의 거리노숙인은 공원이나 하천변 등지에 텐트를 치고 생활한다.

일본의 거리노숙인 비율은 한국에 비해 높다. 일본의 거리노숙인 수(10,890명)는 양국 간의 총인구 비율(일본의 전체 인구는 한국의 2.6배)을 적용하더라도 많은 편이다. 보통 그 이유는 일본의 경우 쉼터와 같은 임시시설이 상대적으로 적게 제공되기 때문이라고 해석된다.

한국은 최근 주거취약계층에 대한 전국 조사를 실시하여 노숙인복지법 상의 "노숙인 등"에 해당하는 인구의 규모를 추정한 바 있다. 보건복지부가 의뢰한 이 조사(서종균 외, 2011)에 의하면 한국의 거리노숙인 수는 2,689명, 각종 노숙인시설 거주자는 11,304명, 비숙박용 다중이용시설 거주자 62,453명, 쪽방 및 여관, 여인숙, 고시원 거주자가 14만 5,625명으로, "노숙인 등"에 포함되는 인구는 총 22만 2,071명으로 추산된다.

〈표 5-6〉에서 살펴보면 부랑인 시설(일본의 경우, 구호시설과 갱생시설)을 제외하고, 한국의 노숙인 쉼터와 상담보호센터의 응급잠자리가 수용하는 인원은 거리노숙인의 약 120%인 데 반해, 일본의 가설일시피난소(셸터)와 자립지원센터가 수용하는 노숙인의 수는 거리노숙인의 37%에 불과하다. 따라서 단기간에 걸쳐 수용하는 노숙인시설이

상대적으로 적고, 또한 공원 같은 공공장소에 텐트 치는 것을 어느 정도 허용하는 관대한 행정 탓에 거리노숙인의 수가 많은 것으로 짐작된다. 한국의 경우 전체 노숙인의 70% 이상이 쉼터 등의 임시시설에서 생활하는 것으로 알려져 왔으나 최근 자료인 위의 표에 의하면 거리노숙인의 수와 임시시설 거주자의 비율이 거의 비슷한 것으로 나타나고 있다.

〈표 5-6〉 주거유형별 인구의 규모

<table>
<tr><th colspan="2">한국(2012년)</th><th colspan="2">일본(2008~2011년)</th></tr>
<tr><th>규모(단위: 명)</th><th>주거유형</th><th>주거유형</th><th>규모(단위: 명)</th></tr>
<tr><td>2,689</td><td>거리노숙인</td><td>거리노숙인</td><td>10,890</td></tr>
<tr><td>8,160</td><td>부랑인 시설</td><td>구호시설+
갱생시설</td><td>18,744</td></tr>
<tr><td>2,636</td><td>노숙인 쉼터</td><td rowspan="2">가설일시피난소
(셸터)+자립지원
센터</td><td rowspan="2">4,124</td></tr>
<tr><td>508</td><td>응급잠자리
(상담센터)</td></tr>
<tr><td>62,453</td><td>비숙박
다중이용시설
(PC방, 만화방 등)</td><td></td><td></td></tr>
<tr><td>6,214</td><td>쪽방</td><td rowspan="3">무료저액숙박소+
간이숙박소+원룸</td><td rowspan="3">46,676</td></tr>
<tr><td>15,440</td><td>여관·여인숙</td></tr>
<tr><td>123,971</td><td>고시원</td></tr>
<tr><td>6,914</td><td>비닐하우스촌</td><td></td><td></td></tr>
<tr><td>32,053</td><td>비닐하우스·
컨테이너</td><td></td><td></td></tr>
<tr><td>261,038</td><td>합계</td><td></td><td></td></tr>
</table>

자료: 서종균 외(2011); 水内(2010).

한편, 일본은 생활보호제도를 적극 이용하여 간이숙박소(도야)를 주소지로 인정하고, 무료저액숙박소와 원룸 등을 노숙인의 생활보호를 위한 주거공간으로 활용하고 있다. 무료저액숙박소는 제2종 사회복지시설로서 생활보호 수급자를 위한 주거로 사용되며, 간이숙박소와 원룸은 생활보호법상의 생활부조와 주택부조가 제공되고 있다. 즉, 생활보호대상자로 선정된 노숙인은 이러한 시설에 거주할 경우 소정의 주거보조금을 받는 것이다. 따라서 이러한 제도가 시행되기 시작하면서부터 많은 비영리 민간단체(NPO)들이 노숙인들에게 잠자리를 제공하는 숙박사업을 하면서 노숙인들을 지원하고 있다. 이러한 숙박소들의 규모는 간이숙박소의 방이 약 2만 개, 원룸이 12,587개, 무료저액숙박소의 수용인원이 14,089명으로 총 46,600명 이상을 수용할 수 있게 되어 있다.

이에 비해 한국은 (체류 기간을 제한받지 않는) 정부의 노숙인 주거지원 사업은 거리노숙인과 쉼터 입소자, 쪽방, 비닐하우스촌 거주자를 대상으로 임대주택을 제공하는 사업이 유일한데, 2010년 12월 현재, 매입임대주택 및 전세임대주택은 1,612호, 국민임대주택은 39호가 제공된 것이 고작이다. 그 밖에 민간 차원에서 월세방을 구한 노숙인에게 2~3개월간 월세를 지원하는 임시주거비 지원 제도가 있다. 그리하여 한국은 쉼터를 퇴소한 대부분 노숙인이 전액을 자기가 부담할 수밖에 없는 유료시설(쪽방, 여관과 여인숙, 고시원 등)을 이용하고 있다.

〈표 5-7〉과 〈표 5-8〉은 일본의 노숙인 지원 단체들의 성격을 법인격을 기준으로 분류한 것이다. 두 조사의 차이점은 정부 부문의 조직을 포함시켰는가의 여부이다. 두 표를 비교해 보면 일본의 노숙인 지원 조직은 '복지사무소'와 같은 정부조직을 제외하면 특정비영리활동법인(NPO 법인)[7]의 비중이 21.6%로 가장 높다(정부가 직접 운영

하는 노숙인 지원 조직이 있다는 것도 한국과 다른 점이다[7]. 그다음으로 많은 비율을 차지하는 것이 법인격이 없는 경우이다. 이들은 보통 교회 신자 그룹, 의사나 간호사 등의 전문가 그룹, NPO에 속한 사람이 따로 만든 그룹 등으로 이루어져 있다. 이에 비해 한국의 양상은 매우 다르다.

〈표 5-7〉 일본 노숙인 지원 단체의 법인격 유무, 종류별 조사 결과(N=111)

법인격 종류	비율
행정관계기관	32.40%
사회복지법인	1.80%
NPO 법인	21.60%
종교법인	6.30%
재단법인	3.60%
주식회사, 유한회사, 기업조합	2.70%
법인격 없음	31.50%

자료: 日本總合研究所(2011: 4).

7 일본은 1995년 발생한 고베 대지진을 계기로 NPO의 활성화를 위해 많은 정책적 노력을 기울여 왔으며, 1998년 「특정비영리활동촉진법(NPO법)」을 제정·시행하였다. NPO법은 민법상 특별법으로 의료·복지·교육·환경·문화·재난구호 등 17개 분야에서 비영리 활동을 하고자 할 경우 10명 이상의 참가자만 있으면 기본 재산이 없더라도 간단한 수속을 거쳐 특정 비영리활동 법인의 자격을 취득할 수 있도록 한 법이다. NPO가 법인 자격을 취득하게 되면 계약의 주체가 될 수 있고 사회적인 신용도도 높아진다. 수탁사업, 정부 보조금, 기부금 등을 받거나 공적 시설을 이용하는 것도 쉬워진다. 이에 힘입어 일본에서 2012년 5월 말 현재 법인 인증을 받은 NPO가 4만 1,263개에 달할 정도로 활발하다.

〈표 5-8〉 일본 노숙인 지원 단체의 법인격 유무, 종류별 조사 결과(N=75)

법인격	응답 수	비율
사회복지법인	1	1.5%
일반사단법인	3	4.0%
NPO 법인	36	48.0%
법인격 없음	30	40.0%
기타	5	6.7%
합계	75	100%

자료: 厚生勞働省(2011: 11).

〈표 5-9〉는 성공회대 사회복지연구소(2011)가 조사한 노숙인 쉼터와 상담보호센터의 운영주체별 법인격의 분포 현황이다. 본 연구는 2012년 5월 10일부터 사흘에 걸쳐 전국의 노숙인 쉼터 75곳과 상담보호센터 10곳 등 85개 시설을 대상으로 전화설문조사를 실시하여 시설을 운영하는 모법인의 성격을 파악했는데 그 결과가 〈표 5-10〉이다.

이 두 건의 조사 대상에는 노숙인의 권익을 지키기 위해 활동하는 옹호단체와 무료 진료소, 급식소 등 일부 노숙인 지원기관들이 빠져 있다. 그러나 옹호단체와 진료소의 수는 전체 지원기관의 수에 비해 매우 적으며, 급식소는 대부분 쉼터 등을 운영하는 기관들이 같이 병행하는 경우가 많아 이상의 분석 결과가 모집단 전체의 실상과 크게 다르지 않다고 판단된다.

〈표 5-9〉 한국 노숙인 복지시설의 운영주체별 분포

운영주체	노숙인 쉼터		상담보호센터	
	조직 수	비율	조직 수	비율
사회복지법인	26	37.10%	3	23.10%
종교법인	22	31.40%	5	38.50%
학교법인	0	0%	1	7.70%
사단법인	12	17.10%	2	15.40%
개인	5	7.10%	1	7.70%
기타	5	7.10%	1	7.70%
합계	70	100%	13	100%

자료: 성공회대 사회복지연구소(2011), 〈표 2-3〉.

〈표 5-10〉 한국 노숙인 지원 단체의 법인격 종류

법인격의 종류	조직 수	비율
사회복지법인	26	30.50%
일반사단법인	10	11.70%
종교법인	38	44.70%
재단법인	3	3.50%
법인격 없음	8	9.40%
합계	85	99.80%

자료: 성공회대 사회복지연구소(2011).

〈표 5-10〉에 의하면 한국에서 노숙인을 지원하는 민간단체는 일본의 경우와 달리, 종교법인이 44.7%로 압도적으로 높은 비율을 차지한다. 〈표 5-9〉에는 사회복지법인이 종교법인보다 2%가량 더 많은 것으로 되어 있는데 이처럼 두 조사결과에서 오차가 나타나는 것은

사회복지법인 대다수가 종교적 이념에 따라 설립된 법인들이어서 하나의 조직이 실질적으로는 두 가지의 성격을 지니기 때문이다. 실제로 한국의 노숙인 지원 시설을 운영하는 법인들의 상당수는 특정 종교와 밀접한 관련이 있다.

반면, 일본의 특정비영리활동(NPO)법인에 상응하는 일반 사단법인이나 '법인격 없음'의 비율은 일본의 88%에 비해서 21.1%로 매우 낮다. 이것은 일본의 경우 「특정비영리활동촉진법」에 의해 10명 이상의 참여자만으로도 손쉽게 법인을 설립할 수 있어 비영리민간단체가 양산되었던 데 반해 한국은 법인을 설립하는 일이 까다로워서 소규모 법인이 존재할 수 없기 때문이라고 여겨진다. 그러나 이보다 더 두드러진 이유는 노숙인 주거지원 제도의 내용이 두 나라 사이에 크게 다르기 때문이다. 일본은 비영리 민간단체들이 노숙인의 주택부조비를 활용하여 숙박사업을 하는 방식으로 노숙인을 지원하는 경우가 많은 데 비해, 한국은 그런 제도와 자원이 없으므로 민간단체들이 노숙인 쉼터나 상담보호센터를 정부로부터 위탁받아 운영비를 지원받는 방식으로 조직을 유지하며, 앞에서 본 것처럼 규모가 큰 종교법인이나 사회복지법인이 그런 일에 앞장서고 있는 것이다. 日本總合研究所(2011)의 조사를 따르면 노숙인 지원 단체의 재원은 대부분 자체의 수익사업과 외부로부터의 기부금으로 충당된다.

〈표 5-11〉 일본 노숙인 지원 단체의 재원(N=111, 복수응답)

재원	비율
수익사업	23.40%
기부(개인, 법인)	31.50%
회비	7.20%
위탁료	4.50%
조성금, 보조금	11.70%
기타	0.90%
확인 못 했음	15.30%
응답이 없음	32.40%

자료: 日本總合硏究所(2011: 6).

〈표 5-11〉을 살펴보면 일본 노숙인 지원 단체들의 수입은 자체 수익사업[8]이 23.4%, 기부금이 31.5%를 차지하는 반면, 정부로부터의 조성금(助成金)이나 보조금, 위탁료는 각각 11.7%와 4.5%를 차지해 정부나 지자체로부터 경제적 지원을 받으면서 활동하는 민간단체가 많지 않음을 알 수 있다. 이는 厚生勞働省(2011)의 조사에서 노숙인 지원 단체들의 어려움을 묻는 말에 "활동을 위한 자금이나 인력의 확보", "인건비 부담", "조직 확충(특히 인재)이 잘 안 됨", "돈, 사람, 자동차의 부족"이라는 응답이 많은 것으로도 확인된다(厚生勞働省, 2011: 16). 이러한 문제는 노숙인 지원 단체 내 전담직원의 비율이 높지 않은 것과도 관련이 있다.

8 여기서 수익사업은 물건을 판매하거나 심부름센터를 운영하는 사업, 단체가 주최하는 바자회 등의 수입, 상담서비스를 제공하고 이용료를 받는 사업 등이다(日本總合硏究所, 2011: 6).

〈표 5-12〉 일본 노숙인 지원 활동에 참가하는 지원자의 속성(N=111, 복수응답)

지원자의 속성	비율
전담직원	36.90%
파트, 비상근 등	15.30%
자원봉사	39.60%
전문직	13.50%
응답이 없음	38.70%

자료: 日本總合研究所(2011: 7).

〈표 5-12〉는 일본 노숙인 지원 단체에서 활동하는 사람들의 속성을 보여주고 있는데, 자원봉사자가 거의 40%로 가장 많고 그다음이 전담직원, 비상근직원 순이다. 이러한 노숙인 지원 단체의 성격과 활동방식을 이해하기 위해서 '이치카와간바노카이(市川ガンバの会)'라는 단체의 경우를 살펴보기로 하자.

> 이 단체는 치바(千葉)현 이치카와(市川)시에서 1997년 11월에 같은 교회를 다니면서 노숙인들을 지원하고 있었던 사람들끼리 단체 활동을 시작했는데, 2003년에 NPO 법인을 만들고 2010년에 후생노동성에서 무료직업소개사업의 허가를 받았다. 2010년 5월 현재, 이사 6명, 직원 7명, 정회원 133명, 찬조(贊助)회원 88명이 있다. 이 단체의 사업은 야간순회 겸 식사제공, 자립지원 상담('무료직업소개사업소'의 허가를 받았기 때문에 거리노숙인에 대한 상담뿐 아니라 일자리 소개도 함), 축제 개최, 긴급숙박시설 운영, 길거리 건강 상담, 주거지원(자립지원 주택이나 대출금 제도를 운영하여 민간임대주택으로의 입주를 지원하고 입주 시에 보증인을 제공하기도 함), 주거생활지원(정기적 방문, 교류회, 여행시켜 주기 등으로 고립 상태를 예방), 홍보교류 활동 등을 하

고 있다.[9] 이 단체는 10년간의 활동으로 150명에게 주거를 제공하였다. 그중 생활보호를 이용한 사례가 141사례였으며 나머지는 취업으로 해결하였다. 이 단체에서는 NPO 법인이 되기 전부터 지역의 사회복지사무소 소장과 교류해 왔기 때문에 그 소장의 지지를 받아 생활보호가 적극적으로 개시되었다. 생활보호를 받은 141사례를 보면 먼저 25사례는 길거리에서 살았다가 자비 혹은 주거비 대출제도로 주거비를 마련해서 주거나 주소지를 확보한 후에 생활보호를 받은 사례들이다. 그리고 32사례는 거리노숙 상태에서 긴급 입원했다가 퇴원하면서 주택부조를 받은 사례들로서 최근에 늘어난 사례들이다. 이어서 30사례는 이 민간단체가 운영하는 자립지원주택에 입주하고 생활보호를 받은 사례들이고, 47사례는 이치카와시의 자립지원주택에 입주하고 생활보호를 받은 사례들인데 전자의 경우 3개월 이내에 이사한다는 원칙하에 입주자에게 생활보호로 생활부조와 주택부조가 제공되고, 후자는 치바현과 이치카와시가 매입한 민간임대주택에 입주하여 생활부조만 제공한다. 또 5사례는 주택에서 살다가 생활이 어려워져서 스스로 생활보호를 신청했는데 사회복지사무소에서 받아들여지지 않아, 이 민간단체가 신청을 지원함으로써 생활보호에 이른 사례들이다. 마지막 2사례가 거리노숙 상태에서 생활보호를 받아 일반주택으로 입주한 사례인데, 이러한 사례가 적은 것은 "일단 중간시설에 입소해서 일반주택에서 생활할 수 있을지를 확인해야 한다"는 후생노동성의 방침 때문이다. 이러한 원칙 때문에 길거리에서 생활보호를 이용해서 바로 일반 임대주택으로 옮기는 것이 쉽지 않고 일단 중간시설에 입소해야 된다. (大阪市立大学都市研究プラザ, 2008: 10-13)

9 단체 홈페이지(http://ichikawaganba.fc2web.com/index.htm) 참조.

위의 사례를 한국의 유사한 지원 단체들과 비교했을 때 눈에 띄게 다른 점은 첫째, 처음에 같은 교회 교우들끼리의 봉사활동으로 시작되었으나 이것이 종교법인이나 사회복지법인 차원의 사업으로 발전하지 않고 개인들이 모인 NPO 법인의 사업으로 자리 잡았다는 것이고 둘째, 탈노숙에 효과적인 다양한 사업들을 많이 하고 있음에도 불구하고 정부나 지자체로부터 인건비 지원과 같은 직접적인 재정 보조를 받지 않고 있다는 것이며 셋째, 일반 회원들의 비중이 상당히 높다는 것이다.

위의 일본 단체는 후생노동성으로부터 무료직업소개 사업의 허가를 받았지만, 이는 개인정보를 취급한다는 이유로 허가를 받은 것일 뿐 정부로부터의 사업비 지원 같은 것은 전혀 없다. 이것은 위의 사례 조직과 유사한 활동을 벌이고 있는 한국의 민간단체들이 대부분 정부나 지자체로부터 노숙인자활시설이나 노숙인종합지원센터로 지정을 받아 운영비 지원을 받고 있는 것과 매우 대조적이다.

물론 일본에도 '홈리스 등 시행고용(試行雇用)사업'과 '일용노동자 등 기능강습(技能講習)사업'이란 것이 있어서 노숙인을 고용한 사업주에게 시행고용장려금(최장 3개월, 1인당 월 5만 엔)을 주거나 노숙인의 자격증 및 면허증 취득을 지원한 위탁 단체에 정부가 보조금을 주는 제도가 있다. 하지만 이는 한국의 고용장려금 제도나 희망리본사업[10]처럼 프로그램의 성과에 따라 주는 건별 보조금이며, 인건비와 같은 운영비를 지원하는 제도는 아니다. 그리고 〈표 5-11〉에 의하면 일

10 한국의 희망리본사업은 기초생활수급자 및 차상위계층, 3년 이상 자활근로 참여자, 취업성공패키지 중도 탈락자, 노숙인 등을 대상으로 일대일 맞춤형 상담과 교육을 통해 취업을 지원하는 프로그램이다. 이것은 사업수행기관이 성공시킨 취업 실적에 따라서 정부로부터 보조금을 받는 성과관리형 사업이다.

본 노숙인 민간단체의 경우 이 같은 정부보조금 수입의 비중이 낮은 것이다.

일본의 노숙인 지원체계에서 가설일시피난소나 자립지원센터와 같은 중간시설 못지않게 민간 NPO 단체들의 역할과 비중이 크다는 사실은 稲田·水内(2009)의 논문에서도 확인된다. 생활보호 급여를 받거나 주거를 확보하는 등 자원을 획득하는 데 성공한 노숙인 중 스스로 해결한 경우는 13~14%에 불과하였고, 나머지 80% 이상은 민간단체의 도움을 받은 것으로 나타나고 있다. 또한 중간시설이 충분하지 않은 지역에서 민간단체에 대한 의존도는 특히 높은데 중핵도시, 지방도시에는 자립지원센터 등 공적 시설이 없는 경우가 많아 평균 41.5%가 민간단체가 제공하는 무료저액숙박소에 입소해서 지원을 받으며, 그 밖에도 NPO가 운영하는 민간매입주택이나 병원을 이용하는 비율이 높다(稲田·水内, 2009: 147-151). 水内·中山(2009)은 일본 노숙인에 대한 지원은 민간단체가 선행하고, 공적 섹터에 의한 제도나 운용의 개선이 뒤따라왔다고 지적한다. 대부분의 지자체가 기존의 생활보호제도를 고수할 뿐 노숙인을 위한 특별대책 수립에 소극적이고, 주거가 확정되지 않으면 생활보호 급여도 주어지지 않는 상황에서 민간단체들은 노숙인들에게 적극적으로 주거를 제공하고 생활보호 수급 자격을 확보해 줌으로써 공적 섹터보다 앞서 나갔다는 것이다(水内·中山, 2009: 123-124).

이에 비해 한국에는 임시보호시설과 부랑인 시설을 제외하면, 일본처럼 법적 근거를 가진 공공복지체계를 이용해서 장기적인 주거시설을 제공하는 제도가 존재하지 않는다. 사회 복귀를 돕는 실효성 있는 주거지원 사업을 꼽으라면 매입임대주택 지원사업이 거의 유일하다고 할 수 있는데, 실제로 노숙인에게 공급되는 양을 따져보면 극히 미미한 수준이다. 또한 매입임대주택 지원사업을 하고 있는 전국의 57개 운영기관[11]들을 살펴보면 대부분이 이미 노숙인 자활시설이나 종합지원센터, 사회복지관 혹은 지역자활센터를 위탁받아 운영하고 있는 종교법인 내지 사회복지법인들이다. 5~6명의 회원으로 시작한 소규모 비영리 법인이나 개인 혹은 소그룹들이 노숙인 지원 활동의 주축을 이루는 일본과 매우 대조되는 현상이 아닐 수 없다.

한국과 일본의 노숙인 지원체계의 차이를 확연히 보여주는 것이 〈표 5-6〉의 굵은 실선 부분이다. 표 좌우의 양국 상황은 주거유형이 유사한 광의의 노숙인 그룹별 규모를 보여주고 있는데, 주거의 질과 성격에서 한국의 쪽방, 여관 및 여인숙, 고시원 등은 일본의 무료저액 숙박소, 간이숙박소, 원룸 등에 상응한다. 다만, 일본의 경우는 이들 저렴(低廉)숙소의 임대료를 주로 정부가 공공 재원에서 지불하기 때문에 주거부조나 주택부조를 받는 수급자의 규모를 표시하고 있는 반면, 한국은 쪽방, 여관, 고시원 등에 개인이 임대료를 내고 거주하는 이용자의 수를 나타내고 있어 양국 간 통계 규모의 차이가 있을 수밖에 없다.

중요한 차이점은 한국의 쪽방, 여관 및 고시원 거주자는 거리노숙으로 전락하기 직전의 상태에 있는 넓은 의미의 노숙인들 — 실제로 쪽방 거주자의 46.1%가 노숙 경험이 있고 그 가운데 절반 이상(전체의 25.4%)이 노숙인 및 부랑인 시설을 이용한 경험이 있다.[12] — 이고 이들은 쪽방 등의 이용료를 전적으로 본인이 부담해야 하므로 주거 상태가 불안정하다는 것이다.

11 매입임대주택 지원사업 운영기관 명단은 주거복지재단 홈페이지 참조. (http://www.hwf.or.kr ⇒ 사업소개 ⇒ 운영기관 안내)

12 전국쪽방재생포럼(2007). 『쪽방 주민의 주거안정을 위한 열린 포럼』 자료집, 29쪽, 각주 37.

쪽방 주민을 대상으로 각종 생활편의 및 의료서비스와 경제적 자립을 지원하는 쪽방상담소가 전국에 11개 설치되어 있고, 각 상담소는 상근직원 4명의 인건비를 비롯한 운영비를 정부로부터 지원받고 있다. 이들 상담소는 주거지원 업무의 하나로 매입임대주택 지원사업을 하기도 하는데, 이는 쪽방 주민을 LH공사 등이 운영하는 임대주택에 입주할 수 있도록 안내하고 관리하는 역할을 하는 것일 뿐 임대료의 부담은 취약계층 주민 당사자에게 돌아가도록 되어 있다. 그리고 입주민의 임대료가 장기간 연체될 경우 이를 입주를 알선한 쪽방상담소에 대납하도록 강요하고 있어, 쪽방상담소들은 이나마 사업조차 하기를 꺼리고 있는 실정이다.

이에 비해 일본의 무료저액숙박소 등은 입주자들의 이용료가 정부로부터 지급되는 생활보호급여 등으로 해결되고, 노숙인을 지원하는 민간단체들이 이들 무료저액숙박소 등을 직접 운영한다는 점이 다르다. 전국의 무료저액숙박소 가운데 77.2%(표 5-5)를 NPO 법인이 운영하고 있다는 사실은 일본의 노숙인 지원 민간단체 활동의 특징을 잘 보여준다.

5. 맺음말

한국은 1990년대 말, 노숙인의 수가 급증하기 시작하자 쉼터 등의 임시보호시설을 신속하게 늘려나갔다. 이것은 한국 사회복지 제도의 특징인 시설 중심의 체계가 노숙인 문제에 대응하는 과정에서도 재현된 것이라 할 수 있다.

한국은 역사적으로 독립적인 비영리 민간조직의 경험이 일천한 탓에 사회복지 전달체계가 형성되던 초기부터 민간조직인 사회복지법인이나 종교법인을 공적인 목적으로 활용해 왔다. 주로 사회복지법인이나 종교법인으로 구성된 한국의 민간 사회복지부문은 정부를 선도하거나 적극 보완하기보다는 정부의 허가와 재정 지원을 받아서 사업을 위탁 운영하는, 의존적이고 수동적인 대정부 관계를 지속해 왔다(문순영, 2000). 따라서 노숙인에게 숙식을 제공하고 단기적으로 보호하는 시설을 운영하는 데 있어서도 상당한 규모를 갖추고 까다로운 설립 절차를 거친 사회복지법인이나 종교법인들이 앞장서기 마련이었다.

반면, 일본은 1990년대 초에 경제위기가 찾아와 건설일용노동자 출신의 거리노숙인이 급증했지만, 정부 차원의 즉각적인 대응은 없었다. 그로부터도 거의 10년이 지나 화이트칼라 노동자들 사이에서도 노숙인이 등장하고 그 숫자가 빠르게 늘어나자 「홈리스특별법」을 제정하는 등 본원적인 대책에 나선다. 혹자는 정부의 대처가 신속하지 않았던 점이 정부와의 대립적인 입장에서 대책을 요구하는 노숙인 당사자 운동을 일찍부터 발달시켰을 것이라고 해석한다(남원석, 2003). 역시 중요한 계기는 한신 대지진을 통해 시민사회단체의 역할을 긍정적으로 바라보는 사회적 분위기가 무르익고, 절차의 간소화를 통해서 비영리법인의 활성화를 지원하려는 「특정비영리활동촉진법」의 제정이었다. 그리하여 주무관청의 허가와 감독을 받으면서 활동해 온 종래의 공익법인들과는 달리 스스로 문제를 해결하고자 하는 시민이 모여 소규모로 비영리법인을 만드는 일이 굉장히 간편해졌다. 그리고 무엇보다 기존의 생활보호법을 노숙인에게까지 확대 적용해서 그들에게 장기적인 주거시설을 제공하려는 일본 정부의 방침은 NPO 법인들의 확산과 맞물려 소기의 성과를 거두었다. 이는 공공부조를 포함한 기본적인 패키지가 종합적으로 시행될 때 노숙인 대책이 비로소 효과를 거둘 수 있음을 시사하고 있다(김수현, 2010: 156).

이상과 같이 한·일 양국 간의 일반적 경향의 차이는 본 비교 연구를 통해서 구체적으로 확인되었다. 노숙인을 지원하는 한국의 민간단체들은 주로 정부의 재정 지원을 받아 시설을 위탁 관리하는 데 치중하고 있으며, 대규모 종교법인이나 사회복지법인이 주된 역할을 하고 있다. 반면 일본 민간단체들의 재원은 공공부문으로부터의 보조금 비중이 매우 낮으며, 자체의 수익사업이나 외부로부터의 기부금에 대한 의존도가 높다. 또한 노숙인 지원 활동에 투입되는 인적자원에서도 한국에 비해 자원봉사의 비중이 높은 편이다. 이들 민간단체는 한국과 달리 종교법인이나 사회복지법인보다 작은 규모의 NPO 법인인 경우가 많다.

일본의 NPO 법인들은 노숙인들에게 식사 및 물품 제공, 의료서비스 지원, 취업지원 등과 함께 안정적인 주거를 확보하도록 돕는 활동을 하고 있다. 가장 효과적이고 특징적인 활동은 무료저액숙박소, 간이숙박소, 원룸 등을 직접 운영하거나 알선하는 일이다. 이는 생활보호라는 공적 체계를 이용해서 노숙인에게 생활부조 및 주택부조 등을 지급하는 복지제도로 인해 생기는 현상이다. 물론 일본의 NPO 법인들이 주로 관여하고 있는 무료저액숙박소와 같은 저렴주택 제공 사업이 긍정적인 결과만을 가져오는 것은 아니어서 그 수가 급증하는 만큼 방화설비의 미비나 생활보호급여의 불투명한 관리 등이 문제점으로 나타나고 있다(厚生勞働省, 2009). 그러나 주거환경의 개선이나 경영의 투명성 확보 등의 과제는 주거지원 제도를 확대하는 과정에서 불가피하게 생겨나는 부작용을 최소화하기 위한 별도의 대책으로 취급되어야 할 것이다. 그러한 문제들이 노숙인의 사회복귀를 위해 가장 절실한 안정적 주거를 보장한다는 원칙의 중요성을 훼손할 수는 없는 것이다.

참고문헌

강대중·박지숙·김의태(2013). 「한일 노숙인 지원 단체의 교육지원활동 비교연구」, 『아시아교육연구』 14(1): 1-28.

구인회·김소영·유야마 아쓰시(2012). 「한국과 일본의 노숙 문제 비교 연구」, 『경제와 사회』 96: 328-359.

김수현(2009). 「일본과 한국의 노숙인 비교: '아시아형 노숙인'에 대한 시론」, 한국사회학회 사회학대회 논문집(2009. 6. 19, 충북대학교), pp. 497-513.

김수현(2010). 「한국과 일본의 노숙인 비교: 고령 노숙인이 많은 이유에 대한 시론」, 『서울도시연구』 11(1): 139-159.

남기철(2011). 「한국의 노숙인 복지와 주거지원」, 『상황과 복지』 31: 121-158.

남원석(2003). 「일본 노숙자운동의 시사점」, 『도시와 빈곤』 63: 85-95.

문순영(2000). 「한국 민간사회복지부문의 구조적 특성에 관한 연구: 정부와의 관계를 중심으로」, 연세대학교 박사학위논문.

보건복지부(2011). 「노숙인 등의 복지 및 자립지원에 관한 법률 공포」(보도자료, 2011년 6월 7일).

서종균 외(2011). 『주거취약계층 전국 실태조사』, 보건복지부.

서울시노숙자대책협의회(2000). 『서울시 노숙자 지원사업 백서』.

성공회대 사회복지연구소(2011). 『노숙인·부랑인 복지서비스 전달체계 개편 방안 연구』, 보건복지부.

윤일성(2002). 「노숙자에 대한 인식의 차이: 한국과 일본 비교」, 『한국민족문화』 1(19-20): 311-332.

전국쪽방재생포럼(2007). 『쪽방 주민의 주거안정을 위한 열린 포럼』 자료집.

大阪市立大学都市研究プラザ(2008). 『ホームレス支援の最前線』, 第1回「ホームレス支援全国ネットワーク」研修会, 大阪市立大学都市研究プラザ(2008. 5. 6).
渡辺芳(2008). 「ホームレス/野宿者をめぐる行政支援: 「山谷対策」から「ホームレス対策」へ」, 『東洋大学紀要』45: 37-57.
稲田七波・水内俊雄(2009). 「ホームレス問題と公的セクターおよび民間・NPOセクターの課題: 『もう一つの全国ホームレス調査』を手がかりに」, 『季刊社会保障研究』45(2), 国立社会保障・人口問題研究所, pp. 145-160.
坂井宏介(2005). 「政府・非営利組織間の協働関係: その理論的考察」, 『九大法学』91号, 九州大学.
白波瀬達也(2010). 「「福祉の街」へと変わりゆく釜ケ崎」, 青木秀男編著, 『ホームレス・スタディーズ: 排除と包摂のリアリティ』, ミネルバ書房, pp. 164-165.
山北輝裕(2010). 「ホームレスの支援運動」, 青木秀男編著, 『ホームレス・スタディーズ: 排除と包摂のリアリティ』, ミネルバ書房, pp. 290-291.
山田壮志郎(2009). 『ホームレス支援における就労と福祉』, 明石書店.
水内俊雄(2010). 「独創的・創造的なインナーシティ再生 ― 脱ホームレス支援の切り札としての生活保護と社会ビジネス」, 『消費者法ニュース』85: 86-90(2010. 10).
水内俊雄・渥美清・蓬莱梨乃(2007). 「二つの全国調査を通じて見たホームレス脱野宿支援施策の地域差」, 『季刊Shelterless』34: 135-164.
水内俊雄・中山徹(2009). 「ホームレス問題と自治体および民間・NPOセクターの課題」, 『もう一つの全国ホームレス調査』を手がかりに, 『市政研究』162: 104-128, 大阪市政調査会.
垣田裕介(2011). 「日本のホームレス支援資源と政策枠組み ― 所得・居住・ケア」, 『大分大学経済論集』62: 235-254.
日本総合研究所(2011). 『ホームレス等生活困窮者の支援の現状に関する調査事業報告書』.
萩原愛一(2010). 「住宅のセーフティーネットは機能しているか ― 住宅弱者に対する政策と課題」, 『レファレンス』60(3): 29-48.
沖野充彦(2012). 「ホームレス自立支援法の10年とこれからの課題」, 『ホームレスと社会』5: 53-62.
厚生労働省(2006). 『現行ホームレス施策の概要等』, ホームレスの実態に関する全国調査検討会(第1回)資料(2006. 7. 31).
厚生労働省(2007). 『自治体ホームレス対策状況』, ホームレスの実態に関する全国

調査検討会(第4回)資料(2007. 7. 18).
厚生労働省(2009).『社会福祉法第２条第３項に規定する無料低額宿泊事業を行う施設の状況に関する調査の結果について』.
厚生労働省(2011).『広義のホームレスの可視化と支援策に関する調査報告書』.
ハウジングアンドコミュニティ財団(2007).『民間賃貸居住支援に関する全国調査』.

제6장

노숙인 지원에 관한 법률 비교

법 제정의 맥락, 내용, 쟁점을 중심으로

정근식 · 이상직

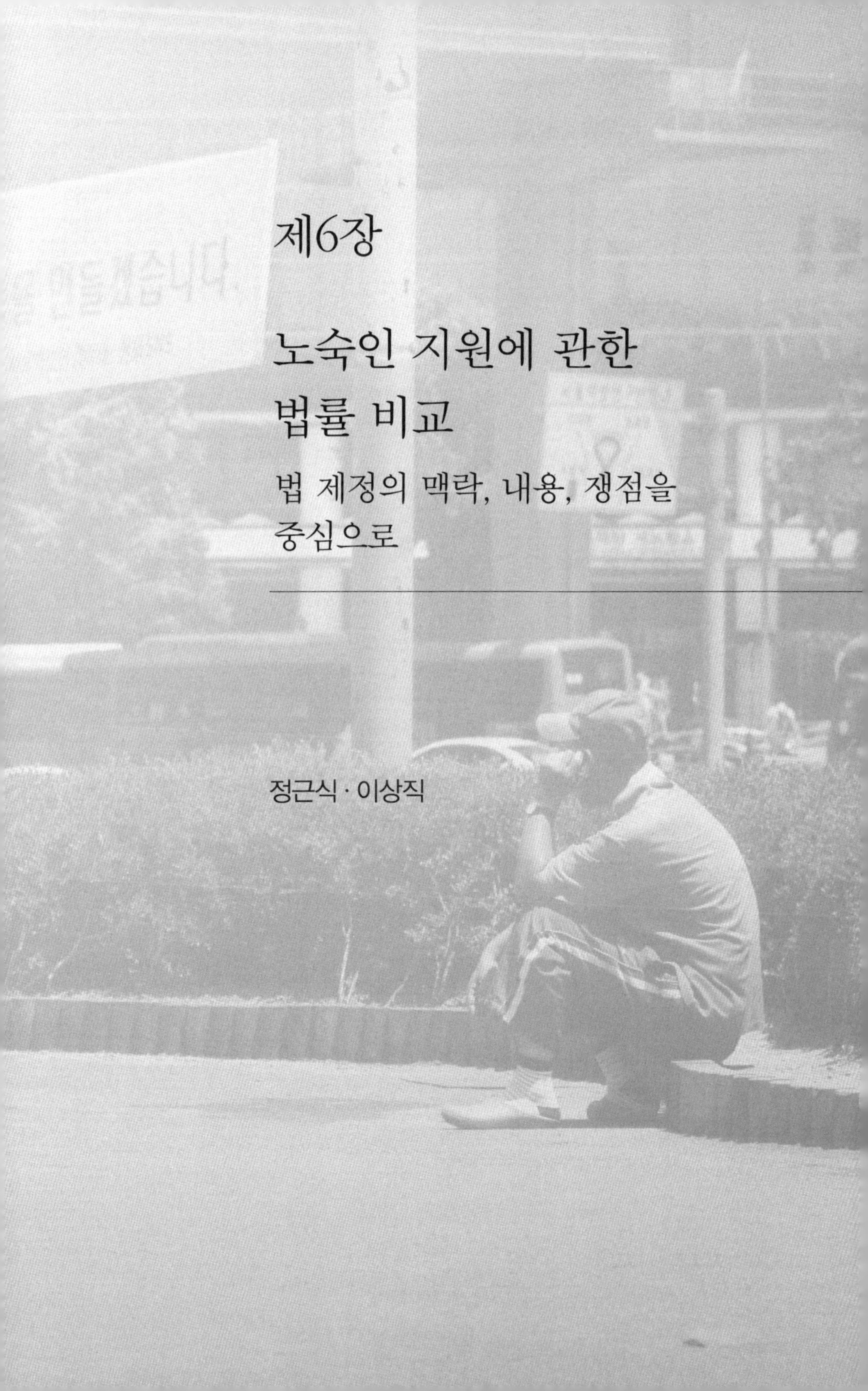

1. 머리말

현대사회에서 도시빈민의 최하층에 속하는 사람들은 노숙인 또는 홈리스로 불린다. 그들은 인간다운 생활을 할 수 있는 최소한의 주거수준에 미치지 못하는 곳에서 최소한의 소득으로 생활하고 있다. 그런데 이들에 대한 호칭은 국가마다 다르다. 일본에서 그들을 지칭하는 용어는 부랑자, 야숙생활자, 노상생활자, 옥외생활자, 주소부정자 등 매우 다양한데, 2002년 법률용어로 홈리스라는 개념이 정립되었다. 한국에서는 그들을 부랑자나 노숙자, 노숙인으로 불러왔고, 최근에는 홈리스 개념도 사회적으로 통용되고 있다(정근식, 2012). 그러나 '홈리스'가 법률용어로 정립된 것은 아니다. 2011년 제정된 한국의 법률에서 그들은 '노숙인 등'이라는 모호한 용어로 지칭되고 있다.[1]

노숙인을 지칭하는 용어는 이들에 대한 사회경제적 시각에 의존하지만, 관련법이 제정되어 있는 경우 법률용어가 큰 영향을 미친다.

1 이런 맥락에서 이 글에서 이들을 칭할 때에는 두 용어 모두를 사용하고자 한다. 단, 일본을 언급할 경우에는 '홈리스'를, 한국을 언급할 경우에는 '노숙인'을 사용할 것이다. 그리고 일반적으로 언급할 때에는 한국 법률에서의 정의에 따라 '노숙인'을 사용할 것이다.

법에서 그들이 어떻게 정의되고 그들에 대한 지원의 조건 및 수준, 방식이 어떻게 규정되는지는 노숙인에 대한 그 사회의 인식을, 나아가 그런 인식의 사회문화적 배경을 반영한다. 이 글에서는 한국과 일본 양국의 관련 법률을 비교해 봄으로써 노숙인에 대한 생각과 정책의 차이를 검토하고자 한다.

노숙인을 지원하는 법률은 일본에서 먼저 제정되었다. 일본의 「홈리스의 자립지원에 관한 특별조치법」(이하 「홈리스특별법」)은 2002년 7월 31일 10년간의 한시적 입법(시행 5년 후 재검토)으로 국회에서 통과되어, 8월 7일에 공포·시행되었다. 한국의 「노숙인 등의 복지 및 자립지원에 관한 법률」(이하 「노숙인복지법」)은 이보다 약 10년 뒤인 2011년 4월 29일에 국회를 통과하여 2012년 6월 8일에 시행되었다.

정책 대상은 유사하지만 양국의 법률이 제정된 시점과 법률명이 다른 것에서 짐작할 수 있듯이, 특정 법률이 제정, 해석, 적용되는 방식은 그 사회구성원들의 인식 및 이해관계와 일정한 관련이 있다. 이렇게 보면 두 나라의 노숙인 지원 법률 비교는 양국 노숙인 문제 이해의 실마리가 될 수 있다. 이 글의 기본 질문은 다음과 같다. 첫째, 양국 법률의 제정 배경 및 과정은 어떻게 같고 다른가? 둘째, 양국의 법률은 어떠한 공통점과 차이점을 가지고 있는가? 마지막으로, 양자 간 내적 연속성이 존재하는가?

그동안 한국에서 노숙인 관련법 제정을 촉구하거나 법안 초안을 마련하기 위한 목적으로 영국의 「주택법」과 미국의 「맥킨지법」, 일본의 「홈리스특별법」을 병렬하여 소개하는 몇몇 발표문이 있었지만(남기철, 2010; 정원오, 2010), 노숙인 관련법을 체계적으로 비교하는 연구는 아직 시도되지 않았다. 기존 논의에서 일본의 법률은 영국, 미국 등의 관련 법률과 함께 한국의 지원법 제정 과정에서 참고할 수 있는 준거 중 하나로 소개되었다(정원오 외, 2009; 김선미, 2010). 지원법 제정의 정당성을 강조하고 구체적 법률안을 제시하고 있는 한 국회의원보고서는 영국과 미국의 노숙인 관련법과 함께 일본의 「홈리스특별법」을 소개하며, 이들 사례가 한국의 노숙인 관련법 제정 과정에서 좋은 참조점이 될 것이라 말하고 있다(김선미, 2010: 34). 한국부랑인시설협회의 의뢰를 받아 관련 연구자들이 작성한 보고서에서도 일본의 법률이 소개되는 맥락은 유사하다.

> 한국에서 홈리스법을 제정한다면 어떠한 방향성을 견지하여야 하고, 그 내용으로 무엇을 담아야 할까라는 의문에 대한 해답을 찾는 데 목적을 두었다. 이러한 연구 목적을 달성하기 위해 우선 외국의 홈리스 관련법 제정 과정과 법 내용을 살펴보고자 하였다. 외국의 사례는 우리나라의 환경에서 적용 가능한 법 제정 전략 및 법 내용을 모색하는 데 많은 함의를 제공할 것이다. (정원오 외, 2009: 2)

그러나 이러한 논의들은 법 제정 지침 마련을 위한 참고 사례를 소개하는 데 초점을 두고 있어, 양국 법률 비교를 통해 도출 가능한 여러 함의에 주목하지는 않고 있다. 한국의 법률이 2011년에 제정되어 2012년에 시행되었다는 점에서 본격적인 비교 연구를 위한 시간이 부족하였다는 점(정원오, 2011: 1)이 가장 큰 이유일 것이다. 이 글은 본격적인 비교 연구를 위한 탐색적 작업이다.

이 장은 크게 다섯 개의 절로 구성되어 있다. 2절에서는 분석의 틀과 자료를 소개한다. 3절에서는 양국 법률 제정의 맥락과 과정을 개괄한다. 4절에서는 양국 법조문의 형식과 내용을 요약하고 주요 쟁점들을 소개한다. 결론에서는 비교의 함의를 정리하고 향후 과제를 제시한다.

2. 연구의 시각과 자료

이헌석·여경수(2011)는 「노숙인복지법」 연구에서 개념 정의나 법률의 기능에 주목하였는데, 법률을 좀 더 폭넓게 이해하려면 법률이 배태된 사회적 맥락을 살펴볼 필요가 있다.

법 제정의 배경은 크게 국면과 경로로 나눌 수 있다. 일본은 1991년을 계기로 거품경제가 붕괴하면서 약 20년간의 장기침체기를 맞았으며, 한국은 1997년 말의 경제위기를 계기로 급격한 경기침체를 겪었다. 이러한 충격은 각국의 경제체제 및 복지체제를 매개로 사회하층에 전달되었는데, 노숙인 관련법의 제정은 그러한 충격에 대한 양국 나름의 대응책으로 자리매김 될 수 있다. 그러나 법 제정 과정에서 양국이 걸어온 구체적인 경로는 달랐다. 일례로 한국과 일본 양국의 사회복지제도의 틀은 어느 정도 유사했지만, 일본의 경우 법 제정 과정에서 목소리를 냈던 주체들은 주요 시민단체들이었던 반면,[2] 한국의 경우에는 학자들과 시설 운영자들 및 실무자들이 중심이 되었다.

경로의 차이를 이해할 때 중요한 것이 각국이 유지해 온 제도적 틀과 주요 국면에서의 행위자들의 상호작용이다. 문제가 제기될 당시 관련 제도적 틀은 어떠했는지, 그리고 법이 제정될 당시의 주요 행위자들이 '노숙인 문제'를 어떻게 인식하였으며, 또 그에 따른 대응

2 법 제정의 필요성을 강조한 대표적인 단체로는 도쿄의 〈신주쿠연락회〉, 〈이케부쿠로연락회〉, 〈노숙자인권자료센터〉와 오사카의 〈가마가사키지원기구〉 등이 있다. 이들 단체는 「홈리스특별법」 조기통과를 위한 국회 로비 방문, 민주당 국회의원과의 입법추진논의, 공산당·민주당 등 관련 의원들의 산야지구 방문 및 실사안내, 법률전문가들과의 연계 등의 활동을 통해 법안 통과에 기여하였다.

방식의 여지를 어디까지 고려할 수 있었는지, 그러한 '문제'에 대한 이해관계는 어떻게 얽혀 있는지 등이 중요한 질문이 될 수 있다.

이 연구를 위해 법 제정 과정에서 나온 여러 논의와 자료를 검토하였다. 법률 제정 과정의 측면에서 보면, 한국의 경우 법률을 발의한 국회의원실에서 작성한 법 제정 관련 보고서, 법률 초안을 검토하기 위해 관련 전문가들이 작성한 보고서, 법 제정을 위한 공청회 및 정책토론회 자료집, 법 제정을 지지한 주요 단체가 운영하는 온라인 카페 게시물, 관련 언론 보도자료 등을 검토하였다. 법률안 자체가 어떻게 결정되었는지를 살펴보기 위해서는, 한국의 경우 발의된 4개의 법안[3]을 대비, 검토해 의견을 정리한 「법안심사소위 심사참고자료」(김대현, 2011)가 중요하다. 이 자료는 최종 법안이 도출된 논리와 근거를 살펴볼 수 있는 내용을 담고 있다. 이에 비해 일본 측 자료는 그와 같은 수준에서 검토하기 어려우므로, 일본의 홈리스 관련 연구 잡지인 『寄せ場(요세바)』나 『Shelter-less』에 실려 있는 법 제정 과정에 관한 글들과 주요 2차 문헌들을 참고 자료로 활용하였다. 마지막으로 양국의 법률안 전문과 함께 한국의 경우 '시행령'과 '시행규칙'을, 일본의 경우 법안 통과 후에 실시된 전국실태조사에 근거하여 후생노동성이 작성한 '시행방침'을 검토하였다.

3 발의된 4개의 법안은 다음과 같다. 「노숙인·부랑인 복지법안」(유재중 한나라당의원 대표발의), 「노숙인·부랑인 지원법안」(강명순 한나라당의원 대표발의), 「홈리스 복지법안」(이낙연 민주당의원 대표발의), 「홈리스 인권보장 및 지원에 관한 법률안」(곽정숙 민주노동당의원 대표발의).

3. 법 제정의 맥락

1) 일본의 「홈리스의 자립지원 등에 관한 특별조치법」

일본의 「홈리스특별법」은 민주당의 홈리스문제대책팀이 작성하여 2001년 6월 중의원에 제출한 법안을 기초로 여당 3당이 협력하여 통과시킨 것이다. 홈리스에 대한 고용과 주거의 확보, 의료의 제공 등 정부나 지방공공단체가 종합적인 자립지원책을 책임지고 수행하는 것을 명시한 이 법률은 10년 한시법으로 제정되었다. 이를 크게는 홈리스가 발생한 구조적 요인에 대한 일본 사회 나름의 정책적 대응 결과로 볼 수 있겠지만, 법안이 국회에서 통과되기까지는 여러 홈리스 지원 단체가 펼친 법안 필요성에 대한 사회적 캠페인 및 대국회 요구와 정당에 대한 로비 활동, 관련 전문가 동원 등의 과정이 있었다.

홈리스 문제가 가시화된 1990년대 후반 이전까지의 기본적인 관련 정책은 1946년에 제정된 「생활보호법(生活保護法)」에 근거하였다. 심지어 1899년에 제정된 「행려병인 및 행려사망인 취급법(行旅病人及行旅死亡人取扱法)」에 따라 대응하는 지자체도 있었다(菊池, 2009: 108). 그러나 홈리스 문제가 가시화되자 1999년 2월에 각 중앙부서 및 지자체에 '홈리스문제연락회의(ホームレス問題連絡会議)'가 설치되고, 동년 5월에는 "홈리스 문제에 대한 당면의 대응책에 대해서(ホームレス問題に対する当面の対応策について)"가 발표된다.

이 문건은 "노숙생활을 전제로 하는 지원은 긴급적, 과도적, 한정적인 것에 그칠 필요가 있다"고 전제한 후 홈리스를 "① 근로의욕은 있으나 일이 없어 실업상태에 있는 자, ② 의료, 복지 등 원호(援護)가 필요한 자, ③ 사회생활을 거부하는 자"로 유형화하고, 각각 "① 근로를 통한 자립, ② 복지 등 원호에 의한 자립, ③ 사회적 적응의 촉

진"이라는 자립지원대책의 필요성을 제시하면서, 구체적인 향후 시책으로 "① 종합상담·자립지원체제의 확립, ② 고용의 안정, ③ 보건의료의 확충, ④ 원호가 필요한 자의 주거 등 확보, ⑤ 안심·안전한 지역 환경의 정비 등"을 들었다. 이에 따라 동년 7월에 '홈리스의 자립지원방책에 관한 연구회(ホームレスの自立支援方策に関する研究会)'가 후생성에 조직되고, 다음 해인 2000년 3월에는 "홈리스의 자립지원방책에 대해서(ホームレスの自立支援方策について)"가 발표된다. 이에 따라 동년 4월부터 "자립지원센터 이용자에게 숙소 및 식사를 제공하는 것과 함께 건강검진, 생활상담 및 지도, 직업상담 및 알선 등을 실시함으로써 이용자들의 근로를 통한 자립을 촉진함"을 목적으로 하고 "근로의욕이 있는 자, 근로능력이 있는 자, 근로의욕을 높일 필요가 있는 자 등"을 대상으로 후생성 홈리스자립지원사업의 기본 예산 틀이 짜였다.

홈리스 문제를 직접적인 검토 대상으로 삼고 있지는 않았지만 같은 해 12월에는 '사회적 원호를 필요로 하는 사람들에 대한 사회복지의 방향성에 관한 검토회(社会的な援護を要する人々に対する社会福祉のあり方に関する検討会)'의 보고서가 나왔다. 이 보고서는, "기존의 사회복지체계에서는 '빈곤'을 주된 대상으로 해 왔으나, 현대에 와서는 심신(心身)의 장애·불안, 사회적 배제나 마찰, 사회적 고립이나 고독이라는 문제들이 복합적으로 나타나고 있다"는 인식하에 현대에 맞는 "유대(つながり)"를 재구축하기 위한 새로운 사회복지체계의 방향에 대해 제언하고 있다. 이 보고서에서 일부 위원은 홈리스를 언급하였는데, 그들에게는 주거확보가 최우선 과제라는 점, 또 자립을 위해서는 취업알선이나 직업훈련 등 노동부서와의 연계가 중요하다는 점 등을 지적하면서 이 문제에 대한 특별입법이 필요하다고 주장하였다(菊池, 2009: 108).

법 제정 배경을 비교적 상세히 설명하고 있는 고야나기(小柳, 2003)에 따르면 "우선 법 제정을!"이라는 당시의 입법 구호를 가장 적극적으로 주창한 사람은 오사카시장 이소무라 다카후미(磯村隆文)였다. 1998년 5월, 오사카의 요세바 지구인 가마가사키를 중심으로 조직된 '노숙자네트워크'가 실시한 이 지역에서의 노숙노동자 실태조사에 따르면, 노숙노동자는 3,422명으로, 전해 같은 시기의 약 3배에 해당하는 것이었다. 그러나 오사카시는 그해 11월, 오사카의 '노숙자'를 8,660명이라고 발표하였다. 이것은 그해 8월, 오사카시립대학의 협조를 얻어 오사카시 전역을 조사한 결과였다. 고야나기에 따르면 당시 일본 수상 오부치 게이조(小淵惠三)가 오사카시를 방문했을 때 시장이 법률 정비를 포함한 국가의 대책을 요청하였고, 그 요청에 따라 1999년 2월 정부 내에 '홈리스문제연락회의'가 구성되었다. 이 회의체에는 총리부의 내각·내정심의실을 중심으로, 도쿄, 오사카 등 대도시 시장, 후생성, 노동성, 건설성, 경찰청 등의 관계자들이 참여하였다.

당시 이소무라는 이 회의체에서 '노숙생활자에 대한 긴급조치에 관한 법률'의 제정을 요청했는데, 주요 내용은 국가와 지방자치단체의 책임과 역할 명기, 홈리스의 자립을 목표로 한 상담 체제의 확립과 지원사업의 실시, 공공시설관리대책의 강화, 강제력을 가진 조사권의 부여 등이었다. 이는 1998년 12월, 도로법에 기초하여 학교 도로변에 기거하고 있었던 홈리스를 강제 배제하는 조치를 취했다가 사회적 물의가 빚어져 실패한 경험이 있던 오사카 시정부의 현안 인식을 반영하는 한편, 〈가마가사키 의료연락회〉 등의 홈리스지원기구가 청구한 생활보호에 관한 불복심사나 소송으로 인해 시가 궁지에 몰리고 있던 상황을 반영한 것이었다.

이러한 오사카시의 움직임과는 별도로 기존에 홈리스를 지원하고 있던 활동 단체들은 다른 방향에서 법 제정을 지속적으로 요구해

왔다. 1993년에 몇 개의 노숙인 지원 단체로 만들어진 〈가마가사키 반(反)실업연락회〉(이하 〈반실련〉)가 행정투쟁을 시작하고, 또 일본노동조합총연합회 오사카부연합회가 '아이린지구(あいりん地區) 문제 프로젝트'를 발족시키면서 홈리스 지원의 근거가 되는 법률을 요구하는 활동이 활발해졌다. 특히 〈반실련〉은 1993년 9월 가마가사키에서 결성된 연합 운동조직으로 5개의 공통 인식을 바탕으로 활동하였는데, 그중에는 "가마가사키의 문제는 오사카 지역에 한정된 것이 아니라 일본 전체의 문제이며, 법제도적 차원의 문제 해결이 필요하다"는 인식도 있었다. 1999년에는 오부치 게이조(小渕恵三) 정권 당시 각 중앙부서 및 지방자치단체로 구성된 '홈리스문제연락회의'가 설치되었고, 2001~2002년에 걸쳐서는 〈신주쿠연락회(新宿連絡会)〉와 〈가마가사키반실업연락회(釜ケ崎反失業連絡会)〉, 〈NPO가마가사키지원기구(NPO釜ケ崎支援機構)〉, 〈기타큐슈지원기구(北九州支援機構)〉, 고토부키(寿)·사사지마(笹島)의 지원 단체 등 전국의 9개 지원 단체가 모여 국회의원들에 대한 청원운동을 펼치는 등, 홈리스 당사자들과 활동가들이 앞장서는 법 제정 촉구 활동이 활발해졌다. 이러한 흐름에 〈일본노동조합총연합회〉, 〈부락(部落)해방동맹〉 등 다른 성격의 단체가 합류하는 한편 약 5만 명의 시민이 서명에 동참하면서 이들의 활동에 힘이 실렸다(沖野, 2012: 54).

지원기관 관계자들은 일본헌법 제25조[4]의 이념에 따라 「생활보호법」에 취로대책을 포함한 홈리스 지원 법안을 만들어 그들이 탈노숙할 수 있도록 해야 한다고 주장하였다. 구체적으로 이들은 홈리스를 "실업, 장애, 고령, 이혼, 기타 이유로 안정된 수입과 거주공간을

4 "제25조. 모든 국민은 건강하고 문화적인 최저한도의 생활을 영위할 권리를 갖는다."

유지하기 어렵게 되어, 공원, 도로, 하천부지 등에서 생활을 영위할 수밖에 없게 된 자"로 규정하였다. 또한 지원은 "노숙생활자의 인권과 자기결정권을 존중하는 조건 위에서 이루어져야 한다"고 주장하였다. 마지막으로 "음식과 거주 공간, 안정된 수입이 보장되는 직업의 제공"을 요구하면서 "노숙생활자의 의지에 반해 현 거주지에서 추방하고 강제로 시설에 입소시키는 것"에는 반대하였다.

이와 같은 움직임 속에서 민주당이 작성한 초안(민주당안)이 2001년 6월에 만들어지고, 여3당의 합의안(여3당안)이 2002년 4월에 확정되었다. 이후 조율을 거쳐 '홈리스의 자립지원 등에 관한 특별조치법의 운용에 관한 건'이 후생노동위원회 결의(2002. 7. 17)로 만들어지고, 이어 「홈리스의 자립지원 등에 관한 특별조치법」이 2002년 7월 31일에 제정되기에 이른다. 최종법안은 여3당안과 사실상 동일하다. 따라서 민주당안과 여3당안 사이에 어떤 변화가 있었는지를 살펴봄으로써 시각 차이를 정리해 보고자 한다.

여3당안은 전체적으로는 민주당안을 따르고 있다. 그러나 법의 '목적'(제1조)과 대상자 '정의'(제2조), '시책의 목표'(제3조), '실시계획'(제9조)에서 약간의 변화가 있었고, 최종법안에서의 제11조(공공으로 제공되는 시설의 적절한 이용확보)가 추가되었다. 이들 변화는 법안통과 이후 법률의 의미를 둘러싼 쟁점이 형성된 지점이기도 하다.

먼저 '목적'에서는 "지역사회와의 갈등이 생기고 있는 현상을 감안하여"라는 표현과 "홈리스의 인권을 배려하고 또한 지역사회의 이해와 협력을 얻으면서" 시책을 강구하여야 한다는 표현이 추가되었다. 이 표현은 홈리스가 지역사회와 긴장관계를 형성하고 있다는 뜻으로도 읽힐 수 있는 구절이다. 다음으로 '정의'에서는, 민주당안이 "야숙생활자 및 기타 안정적인 거주지를 갖지 않은 사람"으로 홈리스를 정의한 데 반해 여3당안은 "도시공원, 하천, 역사 등 기타시설을 이유 없이 기거장소로 하는 사람"으로 규정하여, 보다 명시적이고 구체적인 방식으로 정의하고 있다. "이유 없이"라는 표현이 삽입된 것도 주목할 만한데, 이는 '목적'에서 홈리스를 부득이한 현상으로 규정한 것과는 다른 뉘앙스를 담고 있다. '시책의 목표'에서는 (홈리스가) "다수 존재하는 지역을 중심으로 이루어지는"이라는 표현을 추가해 지원의 범위를 보다 제한하였다. 더불어 주거지원에 관한 구체적인 표현은 삭제된 반면, 홈리스 지원에 있어 취업기회의 확보가 핵심이라는 조항이 추가되었다. 이러한 기조는 이후 '제2장 기본방침 및 실시계획'에도 반영된다. 제8조 2항 3절에서 (홈리스가) "다수 존재하는 지역을 중심으로 이루어지는"이라는 표현이 추가되었고, 제9조 1항에서 "필요한 경우"라는 표현이 추가되었다. 민간단체와의 협력에 관한 조항인 제9조 3항에서는 민간단체의 의견을 "반영하도록 노력해야"에서 "청취하도록 노력해야"로 수정되었다.

마지막으로 주목할 만한 변화는 제11조(공공으로 제공되는 시설의 적절한 이용확보)의 삽입이다. 공공시설의 이용을 확보하기 위해 홈리스에게 조치를 취할 수 있음을 규정하고 있는 이 조는 법률의 '목적'에서 "지역사회와의 갈등"이라는 표현과 대응하는 것으로 읽을 수 있다.

요약하면 전체적인 변화의 기조는 홈리스를 보다 제한적으로 정의하고, 그에 따라 이들에 대한 지원의 주체와 범위도 제한하는 것이었다고 읽을 수 있다. 더불어 홈리스의 존재로 인해 있을 수 있는 긴장을 밝히고, 경우에 따라 (지원과 함께) 일정한 조치를 취할 수 있음을 명시하고 있다. 〈신주쿠연락회〉는 이러한 변화에 대해 약간의 우려를 표하면서도 "전체적으로는 합리적"이라고 평가하였는데,[5] 이들 지점을 둘러싼 쟁점은 다음 절에서 상세히 살펴볼 것이다.

5 http://www.tokyohomeless.com/body2-2.html

2) 한국의 「노숙인 등의 복지 및 자립지원에 관한 법률」

한국의 「노숙인복지법」 제정 과정의 맥락은 '부랑인'과 '노숙인'으로 구분되어 명명된 이들에 대한 법제 및 사회정책의 변화를 통해 살펴볼 수 있다(표 6-1).

〈표 6-1〉 한국의 노숙인 관련 법제 변천 과정

시 기	법 제
1970. 1	「부랑인의 신고·단속·수용보호와 귀향 및 사후관리에 관한 업무처리지침」 제정(내무부훈령 제410호)
1981. 10	정부 차원의 부랑인보호대책 마련
1987. 4	「부랑인선도시설 운영규정」 제정(보건사회부 훈령 제532호)
1999. 4	사회복지사업법 제34조 제4항 "부랑인복지시설 설치·운영규칙" 제정을 위한 법적 근거 마련(훈령 → 부령)
2000. 8	부랑인복지시설 설치·운영규칙 제정(부령 제165호)
2002. 12	부랑인복지시설 설치·운영규칙 개정(부령 제229호)
2005. 1	부랑인및노숙인보호시설 설치·운영규칙 제정(부령 제229호)
2008. 3	부랑인및노숙인보호시설 실치·운영규칙 개정(가족부령 1호)
2011. 4	「노숙인 등의 복지 및 자립지원에 관한 법률」 제정

한국에서는 한국전쟁 이후 전쟁고아, 걸인, 장애인 등 이른바 '부랑인'이 급격하게 늘어나면서 이들에 대한 대책이 사회적인 문제로 대두되었다. 정부는 1970년 1월 "시민생활의 명랑화와 범법자 등 불순분자의 활동을 봉쇄"하는 데 초점을 둔 「부랑인의 신고·단속·수용보호와 귀향 및 사후관리에 관한 업무처리지침」(내무부훈령 제410

호)을 마련하면서 이 문제에 소극적으로 개입하기 시작하였다. 이후 1981년 10월 "거리에서 배회하는 구걸행위자를 단속하여 수용·보호하며, 사회저변층의 생계를 보장하고 사회 안정을 도모"한다는 목적의 이른바 '부랑인보호대책'을 마련하였지만, 부랑인들에 대한 통제정책의 기조는 크게 바뀌지 않았다.

이러한 정책기조는 형제복지원 사건[6] 이후에야 비로소 변화하는데, 사건 직후 정부는 「부랑인 선도시설 운영 규정」을 제정하여 부랑인 시설의 입·퇴소 절차를 개선하고, 직업보도를 강화하는 등 복지서비스를 제고하였으며, 시설운영의 내실화를 꾀하였다. 하지만 여전히 부랑인 사회복지서비스 전달체계에 대한 법적 근거가 미비하다는 문제점이 지적되었다. 이에 정부는 부랑인 복지시설의 법적 지위를 명확히 하기 위해 1999년 4월 30일 「사회복지사업법 일부개정 법률안」(법률 제5979호)을 개정·공포하였다. 이 법률은 '부랑인 보호'를 목적으로 하는 시설의 설치를 사회복지사업의 하나로 추가하면서 부랑인 복지시설의 설치·운영에 관한 사항을 보건복지부령으로 정하도록 하는 내용을 담았다(제34조 제4항 신설). 그리고 이 개정 법률을 시행하기 위하여 '부랑인' 개념과 '부랑인 복지시설' 개념 등을 담은 「부랑인 복지시설 설치·운영 규칙」을 2000년 8월 1일 제165호로 제정·공포하였다. 이는 그동안 긴급구호의 대상으로 수용되어 왔던 부랑인을 뒤늦게나마 사회복지사업의 대상자로서 인식한 것을 반영하는 지표로 읽혔다(이동희, 2010: 57-58).

그러나 1997년 IMF 경제위기는 그동안의 정책기조와는 다른 식

6 1987년 3월 22일, 전국 최대의 부랑아 수용시설인 부산 형제복지원에서 직원의 감금과 구타로 원생 1명이 숨지고 35명이 탈출했던 사건이다. 이 사건으로 형제복지원 원장을 비롯한 직원 5명이 구속되었다.

의 대응을 요구하는 계기가 되었다. 기업의 부도, 구조 조정 등에 따른 '실직노숙인'이 급격하게 증가하면서 기존의 정책만으로는 적절한 대응이 어려웠던 것이다. 특히 이들이 기존의 부랑자와는 달리 '구조적'인 이유로 '일시적'으로 나와 있는 사람이라는 인식이 당시에 강했기에(Song, 2006), '기존의 부랑자와는 다른' 노숙인 보호를 위한 정책을 펼 수 있는 법적 근거가 마련될 필요가 있었다.[7]

그런데 문제는 노숙인 문제를 일시적인 것으로 보려는 인식에 있었다. 이러한 인식은 이후 관련 법령의 개정 과정에서 지속적으로 반영된다. 일례로, 개정된 「사회복지사업법」은 국회 전문위원의 심사 의견과는 달리 부랑인과 노숙인을 '노숙인'으로 통합하지 않고 '부랑

7 김홍신 의원의 대표발의로 2000년 11월 22일 국회에 제안된 「사회복지사업법 일부개정 법률안」이 한 사례이다. 이 법률안에 대한 국회 보건복지위원회의 심사보고서(2003. 6)에 따르면, 노숙인과 부랑인의 개념을 엄격히 구별하여 두 개념을 병존시킬 것인지, 현행 부랑인의 개념을 확장하여 노숙인시설의 설치와 정책수립을 도모할 것인지, 노숙인과 부랑인을 포괄할 수 있는 개념으로 통합하여 법적 근거를 마련할 것인지에 대한 검토 의견을 다음과 같이 제시하고 있다. "(1) 노숙 원인의 다양성과 노숙인의 다단계 유형을 고려해 볼 때, 부랑인은 결국 노숙인의 가장 심각한 수준의 단계로 노숙인의 개념 속에 포함될 수 있다. 노숙인과 부랑인의 엄격한 구별은 사실상 힘들기 때문에 명확히 구분되지 않는 두 개념을 「사회복지사업법」에 각각 독립적인 실체로 병존시키는 것은 다소 문제가 있다. (2) 부랑인은 현재 정책집행 현장에서 노동 능력과 의욕을 거의 상실한 자로서 단속이나 격리 또는 수용의 대상으로 인식이 고착되어 있다. 이러한 점을 고려해 볼 때, 부랑인의 개념은 일정한 상담과 치료 및 재활교육을 통해 사회복귀의 가능성이 다소 높은 사람들을 포함하는 노숙인의 개념을 모두 포괄하지 못할 뿐만 아니라 보호, 상담 및 재활 위주의 새로운 정책방향과 지원체계 구축방안을 이끌어내기에는 일정한 한계가 있다. (3) 따라서 노숙인과 부랑인의 개념을 통합하되, 보다 포괄적인 개념이면서 현장에서 보다 덜 부정적으로 인식되고 있는 개념인 노숙인으로 하고, 관련 하위법령인 「부랑인 복지시설 설치 운영 규칙」을 이러한 개념과 정책방향에 맞추어 개정하는 것이 바람직하다."(이동희, 2010: 59에서 재인용)

인 및 노숙인 보호'로 구분한 채 2003년 7월 30일에 공포되었다. 이후 「사회복지사업법」 개정[8]으로 사회복지사업의 범위에 '노숙인 보호'를 목적으로 하는 사업이 추가되고 사회복지시설의 종류에도 부랑인뿐만 아니라 노숙인 보호를 위한 시설이 추가되었지만, 기존의 부랑인 개념을 그대로 둔 채 노숙인 개념을 추가함으로써 복지시설은 분리된다.

더욱이 정부가 2005년에 들어 지방분권을 강조하면서 국고보조사업의 일부를 지방자치단체로 이양함에 따라 노숙인 보호 사업은 중앙정부의 예산편성에 따른 국고보조사업이 아니라 지방자치단체에 교부하는 분권교부세로 지원되고, 부랑인 보호 사업은 그대로 국고보조사업으로 남아 중앙정부의 예산지원을 받게 되었다. 노숙인과 부랑인을 구분할 객관적인 기준이 없음에도 불구하고 부랑인과 노숙인에 대한 사회복지서비스 전달체계가 이원화된 것이다. 이러한 이원체계는 실질적으로 구분하기 어려운 부랑인과 노숙인을 분리함으로써 사회복지서비스 전달체계를 모호하게 만들었다(이동희, 2010: 61-62).

이를 인식한 학계와 노숙인 및 부랑인 지원 시설의 관계자들은 노숙인 문제가 노정된 이래 줄곧 지원체계의 '비체계성'을 비판해 왔다.[9] 더불어 노숙인과 부랑인으로 포괄될 수 없는 '주거불안정자'들

8 그동안 부랑인 보호를 위한 시설의 설치·운영과 부랑인 시설의 입·퇴소의 기준, 절차 및 직업보도 등에 관한 사항을 규정하는 것을 목적으로 제정되었던 「부랑인 복지시설 설치·운영 규칙」의 제명은 「부랑인 및 노숙인 보호시설 설치·운영 규칙」으로 변경되었다.

9 실제로 보건복지부(2011)는 보도자료에서 그간의 비판을 의식한 듯 법 제정의 이유를 다음과 같이 밝히고 있다. "현행 「사회복지사업법」에 근거한 「부랑인 및 노숙인 보호시설설치·운영규칙」에 따른 노숙인 등 지원 정책은 주거, 일자리 지원 등 자활 프로그램과 예방 및 지원 정책이 미비하여 시설 퇴소 후 가정과 지역사회로 복귀하는 데는 많은 어려움이 있고, 이원

에 주목하게 되면서 이들 모두를 포괄하는 지원체계의 필요성에 대한 강조가 지속되었다(정근식, 2012).

법안 작성에 주된 자문 역할을 한 정원오(2011)는 법 제정 분위기 조성의 계기가 된 시점을 2010년 7월로 보고 있다. 그는 2010년 7월의 "홈리스복지정책의 해법: 홈리스복지법 제정"이라는 제목의 정책토론회가 법 제정에 관한 관심을 조직화하는 계기가 되었다고 평가한다. 관련 연구자들과 노숙인 및 부랑인 지원 단체 관계자 등을 중심으로 직전 6월에 결성된 '홈리스복지법제정추진위원회'는 이 토론회 조직을 시작으로 법 제정 관련 조사 및 캠페인, 법안 초안 작성, 시행령 검토 등 제정 과정 전반에 걸쳐 중요한 영향력을 행사하였다. 더불어 '홈리스 행동' 등 홈리스 인권옹호단체들도 청원운동 및 캠페인을 통해 법 제정을 촉구하고, 법률안을 검토하는 등 적극적인 활동을 펼쳤다. 이러한 일련의 흐름 속에서 2011년 3월 무렵에는 유사한 명칭의 법안 4개가 각각 발의되었고, 같은 해 4월 15일에는 최종 법안이 작성되었다. 조율된 최종법안은 4월 28일 법제사법위원회를 수정 없이 통과하였으며, 마침내 같은 해 4월 29일 본회의에 상정되어 참석의원 176명 중 기권 1명, 찬성 175명으로 가결되었다.

구체적으로 2010년 12월 6일 한나라당 유재중 의원이 「부랑인·노숙인복지법안」을 발의하였으며, 2011년 2월 18일에는 민주당 이낙연 의원이 「홈리스복지법안」을 발의하였다. 같은 해 3월 11일에 한나

화되어 있는 노숙인과 부랑인의 정의와 행정체계로 인하여 국가와 지방자치단체 간의 협력이나 연계가 잘 이루어지지 않는 실정임. 이에 따라 노숙인 등에 대한 지원체계를 통합하고, 주거, 급식, 의료 등 복지서비스 제공과 민간단체와의 협력사항을 국가와 지방자치단체의 책임으로 정하여 노숙인 등의 인권을 보호하고 자립을 지원함으로써 이들의 건전한 사회복귀를 도모하려는 것임."

라당 강명순 의원이 「노숙인·부랑인 지원법안」을 발의하고, 뒤이은 3월 16일에는 민주노동당 곽정숙 의원이 「홈리스 인권보장 및 지원에 관한 법률안」을 발의하였다. 한나라당 의원들은 모두 '노숙인·부랑인'이라는 기존의 명칭을 사용하고 있으며, 나머지 두 의원은 '홈리스'를 사용하고 있는 것이 두드러진 차이이다. 내용에서도 차이를 보이는데 민주당과 민주노동당 의원 법안에서는 상대적으로 '지원'이 강조되고, 특히 곽정숙 의원 법안에서는 '인권'이 강조되고 있다. 그럼에도 법률안의 구조와 내용의 기조에서는 4개 법안 모두 큰 차이가 없다. 오히려 발의된 4개의 법안과 최종법안 간에 몇 가지 주목할 만한 차이를 발견할 수 있는데, 보건복지부위원회에서 작성한 「법안심사소위 심사참고자료」(김대현, 2011)에 기초해 그 차이를 요약하고 조문변경의 성격을 정리해 보고자 한다.

먼저 법률명에서 지원대상자의 명칭이 바뀐 것을 들 수 있다. '노숙인·부랑인'과 '홈리스'가 '노숙인 등'이란 명칭으로 정리된 배경에는 '홈리스' 용어를 둘러싼 이견이 있었다. 이 용어를 둘러싼 찬반 논란은 2009년 8월 21일 보건복지부가 기존의 '부랑인/노숙인' 명칭을 '홈리스'로 통합하는 내용을 담은 「사회복지사업법 일부개정 법률안」을 입법예고하면서 시작되어, 「노숙인복지법」 제정국면에까지 지속되었다. 당초 지원 법안을 준비하던 국회의원 중 일부와 서울시, 한국부랑인복지시설연합회, 학계 등에서는 노숙자와 부랑인 등을 일원화하여 대상자의 명칭을 '홈리스'로 하는 것이 바람직하다는 의견을 제시하였다. 그에 따라 보건복지부도 홈리스 용어의 사용을 고려하였지만, 한글문화연대 등 일부 한글단체들과 문화체육관광부, 법무부가 외래어를 법률 용어로 채택하는 것에 반발하고, 이 의견을 법제처가 수용하면서 '홈리스'는 사용되지 못하였다(이동희, 2010). 그에 대한 차선책으로 '등'을 포함하였지만, 여전히 노숙인 인권단체 등은

'노숙인'이라는 용어가 낙인을 유지하는 기제가 될 것이라고 비판하고 있다.

명칭에 이어 문제가 된 것은 '정의'였는데, 최종법안은 발의법안의 주요 내용을 대체로 수용하고 있으나 이낙연 의원 안에서 제시된 "퇴거 등의 사유로 주거를 박탈당할 위기에 처한 자"라는 규정은 "정부의 재정 부담이 과대"해질 수 있다는 이유로 삭제되었다. 뒤이어 유재중 의원 안을 제외한 세 개안 모두 '인권 보호'에 관한 내용을 별도의 조로 담고 있었으나, 인권지침 마련 등에 관한 입법례가 없고 이에 관한 업무는 국가인권위원회 등 관련 기관이 독립적으로 수행하는 것이 바람직하다는 이유로 삭제되었다.

다음으로 '국가 및 지방자치단체의 책임'을 규정한 조에서 주거권, 건강권 등의 구체적인 권리표현이 삭제되었고, "지원하여야 한다"는 의무규정이 "책임을 진다"라는 표현으로 완화되었다. 주거권 등은 헌법이 이미 보장하고 있고, 구체적으로 권리를 명시할 경우 재정부담이 우려된다는 이유에서였다. 이어 '노숙인 등의 권리와 책임' 부분에서도 책임규정은 수용되었지만 권리규정은 모호한 표현으로 대체되었다.

'제2장 지원기본계획의 수립'과 관련해서는 발의법안들이 기본계획을 심의할 위원회를 신설하는 내용을 담고 있었으나 위원회 난립을 막는다는 이유로 기존의 사회보장심의위원회에서 심의하는 것으로 변경되었다. 그에 따라 네 법률안 모두에서 규정하고 있는 정책조정위원회 신설에 관한 규정도 삭제되었다. 주목할 만한 지점은 발의법안들이 담고 있던 예방 조항10이 "막대한 재정 소요에 따른 실행

10 예를 들어 유재중 의원안의 제24조에는 "국가 및 지방자치단체는 노숙인·부랑인 발생의 예방 및 사후관리를 위해 주거취약계층에 대한 예방적 주

가능성 문제"와 "소관부처의 문제" 등의 이유로, 또 종합계획에 이들 방안을 포함하면 별도로 규정할 필요가 없다는 이유로 삭제되었다는 점이다.

이어 '제3장 복지서비스 제공'에서는 '주거지원', '급식지원', '의료지원', '고용지원' 조항에서 "하여야 한다"라는 강제규정이 "할 수 있다"라는 임의규정으로 변경되었고, '제4장 노숙인시설'에서도 발의법안들은 재활프로그램, 자활프로그램, 건강관리를 별도의 조로 구분하여 시설이 제공하는 서비스의 내용을 구체적으로 명시하고 있으나 최종 법안에서는, 이들 서비스를 제공할 수 있는 근거규정만 정하고 세부사항은 하위법령에 위임할 필요가 있다는 이유로, 하나의 조(제18조)로 통합되었다.

이들 변화의 성격은 크게 두 가지로 요약될 수 있다. 첫째, 발의법안에서 규정된 '노숙인 등'의 권리와 그에 따른 지원의 내용이 추상화되었다. 둘째, 이와 관련하여 지원의 책임주체와 책임의 범위 또한 모호하게 표현되었다. 검토의견서는 내용의 상당 부분이 다른 법률에서 규정되어 있어 중복의 여지가 있다거나 구체적인 사항은 하위법령을 통해 정하는 것이 적절하다는 이유를 들고 있으나, 보다 실질적으로는 정부의 재정적 부담을 우려했기 때문으로 보인다. 즉 노숙인 지원의 범위와 수준이 현 수준보다 확대될 수 있는 여지를 없애고자 한 것이다. 법률에서 모호하게 표현된 내용의 상당 부분이 시행령이나 시행규칙에서도 구체화되지 않은 것도 이런 추측을 뒷받침한다.

거지원을 실행하여야 한다"고 되어 있으며, 이낙연 의원안의 제14조에는 "국가와 지방자치단체는 주거가 취약한 국민이 주거를 잃게 될 것에 대비하여 예방적 주거지원 및 사회복지서비스의 제공 등 홈리스 발생을 예방하는 시책을 마련하여야 한다"고 되어 있다.

4. 법률의 주요 내용과 쟁점

1) 법률의 형식과 구성

일본의 법률은 10년 한시법, 특별법이다. 한국의 경우 한시법은 아니지만, 이 또한 독립된 대상을 규정하고 있다는 점에서 특별법이다. 이처럼 별도 법률의 제정을 특정한 집단에 대한 한 사회의 지원의지로 읽는 것이 긍정적인 독법이라면, 반대로 이 책의 2장이 밝히고 있듯이 그것을 양국 모두에서 일반적인 사회보장제도가 자리 잡지 못했음을 반증하는 지표로도 읽을 수 있다. 양국의 법률이 각각 어느 쪽에 가까운지는 법률이 실질적으로 어떠한 효과를 낳(았)는지를 검토함으로써만 판단할 수 있을 것이다. 그러나 법률의 효과에 대한 평가는 이 글의 범위를 벗어난다. 여기서는 단지 양국 법률의 전체적인 구조를 살피고, 구체적인 법조문에서 발견되는 공통점과 차이점을 실펴보고자 한다.

〈표 6-2〉 양국 법률의 기본구조

<table>
<tr><th colspan="2">한 국</th><th colspan="2">일 본</th></tr>
<tr><th>장</th><th>조</th><th>장</th><th>조</th></tr>
<tr><td>1. 총칙</td><td>1. 목적
2. 정의
3. 국가와 지자체의 책임
4. 노숙인 등의 권리와 책임
5. 중복지원의 제한
6. 다른 법률과의 관계</td><td>1. 총칙</td><td>1. 목적
2. 정의
3. 홈리스 자립지원 등에 관한 시책의 목표 등
4. 홈리스자립의 노력
5. 국가의 책무
6. 지방공공단체의 책무
7. 국민의 노력</td></tr>
</table>

<table>
<tr><td>2. 노숙인 등을 위한 종합계획의 수립</td><td>7. 종합계획의 수립
8. 시행계획의 수립·시행 등
9. 실태조사</td><td>2. 기본방침 및 실시계획</td><td>8. 기본방침
9. 실시계획</td></tr>
<tr><td rowspan="2">3. 복지 서비스 제공</td><td rowspan="2">10. 주거지원
11. 급식지원
12. 의료지원
13. 고용지원
14. 응급조치의 의무</td><td>3. 재정상의 지침 등</td><td>10. 재정상의 조치 등
11. 공공으로 제공되는 시설의 적절한 이용확보</td></tr>
<tr><td>4. 민간단체 능력의 활용 등</td><td>12. 민간단체 능력의 활용 등
13. 국가 및 지방공공단체의 제휴
14. 홈리스 실태에 관한 전국조사</td></tr>
<tr><td>4. 노숙인 시설</td><td>15. 노숙인시설의 설치·운영
16. 노숙인복지시설의 종류
17. 노숙인복지시설의 입소·퇴소
18. 노숙인복지시설의 서비스
19. 노숙인종합지원센터
20. 인권교육
21. 금지행위</td><td colspan="2" rowspan="3"></td></tr>
<tr><td>5. 보칙</td><td>22. 비용의 보조
23. 비밀누설의 금지
24. 유사명칭의 사용금지
25. 권한의 위임·위탁</td></tr>
<tr><td>6. 벌칙</td><td>26. 벌칙
27. 양벌규정
28. 과태료</td></tr>
</table>

부칙	시행일 부랑인 및 노숙인 보호를 위한 시설에 관한 경과조치 다른 법률의 개정	부칙	시행기일 이 법률의 실효 검토

한국의 「노숙인복지법」은 제1장 총칙에서 제6장 벌칙까지 총 28개의 조로 구성되어 있다. 제1장 총칙은 6개의 조로 구성되어 있으며, 각 조문은 법안의 목적과 기본 개념정의, 국가와 지방자체단체의 책임, 노숙인 등의 권리와 책임, 다른 법률과의 관계를 규정하고 있다. 제2장은 각각 노숙인 등에 대한 실태조사 실시, 종합계획 및 실행계획 수립을 명시하고 있는 3개의 조로 구성되어 있다. 제3장은 제10조에서 제14조까지로 노숙인 등에 대한 서비스의 종류를 규정하고 있다. 제4장은 노숙인시설 운영에 관한 조항들을 담고 있으며, 제5장은 보칙, 제6장은 벌칙이다.

일본의 「홈리스특별법」은 제1장 총칙에서 제4장 민간단체 능력의 활용 등에까지 14개의 조로 구성되어 있다. 제1장 총칙은 7개의 조로 구성되어 있으며, 각각 법안의 목적 및 목표, 개념정의, 국가 및 지방자체단체의 책임, 홈리스의 책임, 국민의 책임을 규정하고 있다. 제2장은 기본 방침과 실시 계획에 관련된 사항을, 제3장은 재정상의 지침 등을, 제4장은 민간단체 능력의 활용 등에 관한 내용을 규정하고 있다.

양자를 비교해 보면, 한국의 법률이 일본의 법률보다 더 복잡한 구조로 되어 있는데, 이러한 차이는 한국의 법률이 구체적으로 '노숙인시설'을 규정할 필요가 있었기 때문에 발생한 것이다.

2) 주요 내용

조문에 초점을 두어 양국 법률의 내용을 비교해 보면 공통점과 차이점이 발견된다. 먼저 제1장 총칙과 제2장 계획의 수립 부분에서는 양국의 법률이 유사하다. 두 법률 모두 한편으로는 국가와 지자체의 책임을 규정하고 있고, 다른 한편으로는 지원대상을 좁게 규정하면서 지원대상자들의 책임 또한 명시하고 있다.

먼저 한국의 「노숙인복지법」은 그 목적을 "노숙인 등의 인간다운 생활을 할 권리를 보호하고 재활 및 자립을 위한 기반을 조성하여 이들의 건전한 사회복귀와 복지증진에 이바지하는 것"[11]이라고 규정하고 있다. 한편 일본의 「홈리스특별법」은 그 목적을 "자립의사가 있으면서도 부득이하게 홈리스가 된 사람이 다수 존재하고 건강하고 문화적인 생활을 하는 것이 불가한 것, 그리고 홈리스와 지역사회와의 갈등이 지속적으로 발생하는 현 상황에서, 홈리스 자립에 관한 지원, 홈리스가 되는 것을 방지하기 위한 생활상의 지원에 관해 국가의 책임을 명확히 함과 동시에 홈리스 인권을 배려하고 지역사회의 이해와 협력을 구해 필요한 시책을 마련함으로써 홈리스 문제 해결에 도움을 주고자 함"이라고 명시하고 있다.

모든 법안에서 핵심적인 부분은 법률의 대상이 되는 사람들을 어떻게 정의하느냐이다. 한국의 법률은 지원 대상을 '노숙인 등'으로, 일본에서는 '홈리스'로 명명하였다. 먼저 '노숙인 등'은 구체적으로 "가. 상당한 기간 동안 일정한 주거 없이 생활하는 자, 나. 노숙인시

11 법안심사소위의 '심사참고자료'(김대현, 2011)에 따르면, 발의된 법안들에는 인권, 기본권 보장 등의 문구가 있었으나 검토의견에서는 그러한 권리들이 추상적이기에 "노숙인 등에게 실제적으로 적용될 수 있는 '인간다운 생활을 할 권리'를 규정"하고 있다고 밝히고 있다.

설을 이용하거나 상당한 기간 동안 노숙인시설에서 생활하는 자, 다. 상당한 기간 동안 주거로서의 적절성이 현저히 낮은 곳에서 생활하는 자" 가운데 "보건복지부령으로 정하는 사람"을 의미한다. 보건복지부령에 따라 제정된 시행규칙은 위의 정의에 단지 연령규정만 덧붙이고 있다.[12] 일본 법률에서 '홈리스'는 도시공원, 하천, 도로, 역사 등 기타 시설을 이유 없이 기거장소로 하여 일상생활을 영위하고 있는 자"를 의미한다.[13] 한국의 경우 기존의 정의[14]와 비교했을 때 달라진 점은 생업수단유무 조건의 삭제이다. 그와 함께 '노숙인 등'으로 대상자를 규정한 것에서 일종의 타협 흔적을 읽을 수 있다.

12 "제2조(정의) 「노숙인 등의 복지 및 자립지원에 관한 법률」(이하 "법"이라 한다) 제2조 제1호에서 "보건복지부령으로 정하는 사람"이란 18세 이상인 사람을 말한다."

13 홈리스의 '정의'와 관련해 고야나기 신켄은 다음과 같이 말하고 있다. 그에 따르면 1999년 5월에 열린 정부 내 '제5회 홈리스문제연락회의'에서 '홈리스 문제 당면대응책'을 정리하였는데, 여기에서 홈리스를 세 유형으로 정리하였다. 첫째, 근로의욕은 있으나 일자리가 없는 유형 둘째, 의료 및 복지 등의 보호가 필요한 유형(알코올중독이나 정신적 신체적 질환을 가진 자, 고령자, 신체장애자 등), 마지막으로 사회생활을 거부하는 유형(사회적 속박을 혐오하거나 신원이 불명한 자) 등이다. 그리고 제1유형에는 고용을, 제2유형에는 복지 의료를, 제3유형에는 '양호한 환경'과 '지역 안전대책'을 제공한다는 식으로 유형에 따른 대응책이 논의되었다. 고야나기는 이런 유형구분과 대책이 홈리스에 대한 동정적 시각과 경멸적 시각 모두를 반영하고 있다고 해석하였다. 법률의 제1조에서 제8조까지는 제1유형과 제2유형의 홈리스를, 제11조는 제3유형의 홈리스를 대상으로 했다는 것이다(小柳, 2003: 158-159).

14 2005년에 개정된 「부랑인 및 노숙인 보호시설 설치·운영 규칙」에 따르면, "'부랑인(浮浪人)'이라 함은 일정한 주거와 생업수단 없이 상당한 기간 거리에서 배회 또는 생활하거나 그에 따라 부랑인복지시설에 입소한 18세 이상의 자"를 말하며, "'노숙인(露宿人)'이라 함은 일정한 주거 없이 상당한 기간 거리에서 생활하거나 그에 따라 노숙인 쉼터에 입소한 18세 이상의 자"를 말한다.

한국 법률의 대상 정의와 비교했을 때 일본 법률이 규정한 정의상의 특징은 다음과 같은 표현, 즉 "자립의사가 있으면서도 부득이하게"에서 드러난다. 일본에서도 홈리스는 야숙자(野宿者)뿐만 아니라 시설입소자 등을 포함하는 넓은 개념이지만, 법률은 "공원 등지에서 텐트 생활을 하는 실제 노숙자"로 범위를 좁혀 놓고 있다. 따라서 이를 엄격하게 해석하면 일본의 법률에서 '홈리스'는 사실상 거리에서 생활하는 사람으로 한정된다. 이 점에서만 보면 한국의 법률이 일본의 법률에 비해 대상자를 보다 포괄적으로 정의하고 있다고 평가할 수 있다. 그럼에도 한국의 법률 또한 시행규칙에서조차 지원대상자의 범위가 확정되지 않고 있다는 점에서 실제 법에 의한 지원대상이 누구인지에 대한 논란은 불가피해 보인다.

한국과 일본의 법률 모두에서 홈리스는 국가 및 지방자치단체의 지원을 받을 자격이 있지만, 그에 따른 의무 또한 있다. 한국의 법률에서 '노숙인 등'은 "국가와 지방자치단체로부터 적절한 주거와 보호 등을 제공"받을 수 있지만, "스스로 생활수준을 향상시키기 위하여 성실히 노력하여야 한다." 일본의 법률에서도 홈리스는 "자립지원을 위한 국가 및 지방자치단체의 시책을 활용할 때 스스로 자립하기 위한 노력을 하여야 한다." 독특한 점은 일본의 경우 '국민의 노력'도 명시하고 있다는 점이다.[15] 한국에서는 응급상황의 발생 시 응급조치에 응하여야 한다는 규정[16]이 주목할 만하다.

15 "제7조(국민의 노력) 국민은 홈리스에 관한 문제에 대해 이해를 도모함과 동시에 지역사회 수준에서 국가 및 지방공공단체가 실시하는 시책에 협력하는 것 등에 의해 홈리스자립지원 등을 위해 노력한다."

16 "제4조(노숙인 등의 권리와 책임) (…) ② 노숙인 등은 제14조에 따른 응급상황 발생 시 경찰 또는 노숙인 등 관련 업무 종사자의 응급조치에 응하여야 한다."

지원의 내용을 규정하고 있는 조항을 살펴보면, 한국의 법률에서는 제3장 '복지서비스의 제공'에서 주거지원, 급식지원, 의료지원, 고용지원을 할 수 있다고 되어 있으며, 응급 상황일 경우 관련 종사자들이 조치할 것을 의무화하고 있다. 반면 일본의 법안에서는 제1장 제3조 '홈리스 자립지원 등에 관한 시책의 목표 등'에서 지원의 내용을 밝히고 있지만, 지원항목에서는 두 법률의 내용이 유사하다.[17]

두드러지게 차이를 보이는 지점은 한국 법률에서는 "노숙인시설"의 설치와 운영에 관해 규정하고 있는 제4장의 존재와 일본 법률에서는 "민간단체 능력의 활용"에 대해 규정하고 있는 제4장의 존재이다. 한국 법률의 경우 28개 조의 절반 이상이 '지원 시설'의 설치와 운영에 관한 내용을 담고 있다. 이는 꼭 이 법만의 특징이 아닌, 한국의 사회복지법 일반의 특징이기도 하다(김종해, 2010). 반면 일본 사례에서는 시설에 관한 구체적인 규정은 명시되어 있지 않다. 일본의 법률에서 오히려 독특한 것은 민간단체의 역할에 대해 적극적으로 규정하고 있다는 점이다.[18] 지금까지의 조문 비교를 두 법률의 차이

17 "1. 자립의지가 있는 홈리스에 대해 안정된 고용확보, 직업능력개발 등 취업기회 확보, 공공임대주택 입주에 의한 한정된 주거확보, 건강진단, 의료제공 등 보건 및 의료서비스 확보에 대한 상담 및 지도를 통해 자립하도록 하는 것, 2. 부득이하게 홈리스가 사람이 많은 곳을 중심으로 시책을 실시하고 그들에 대해 취업기회확보, 생활상담 및 지도, 그 외 생활에 필요한 지원을 통해 홈리스가 되는 것을 예방하는 것, 3. 그 외 일시숙박시설 제공, 일상생활에 필요한 물품지급, 기타 긴급한 원조, 생활보호법(소화 25년 법률 제144호)에 의한 생활보호의 실시, 국민계몽에 의한 홈리스 인권옹호, 지역의 생활환경개선 및 안전 확보 등을 통해 홈리스 문제 해결을 도모하는 것."

18 "제12조(민간단체의 능력 활용 등) 국가 및 지방공공단체는 홈리스 자립지원 등에 관한 시책 실시에 있어서 홈리스 자립지원 등에 관한 민간단체 역할의 중요성에 유의하여 이러한 단체와의 긴밀한 협조를 확립하도록

점에 초점을 두고 정리하면 다음과 같다.

첫째, 법 제정 시기 면에서 한국은 일본에 비해 10년이 늦은 반면, 일본 법률은 법적 위상의 측면에서 한시법이었다. 하지만 법률의 형식 면에서는, 한국은 지원조항이 대부분 임의 조항으로 법적 책임의 여지를 모호하게 열어둔 반면 일본은 비교적 분명하게 지원의 책임을 밝히고 있다.

둘째, 법률의 구성면에서 한국은 전체 법률의 절반 이상이 지원시설의 운영에 관한 조항으로 채워져 있는 반면 일본의 법률에서 시설에 관한 규정은 핵심이 아니다. 오히려 일본의 법률은 홈리스 개개인의 특성에 맞는 종합적 지원책 마련을 규정하고 있다. 민간과의 협력 규정에서도 이러한 차이는 발견된다. 양국 법률 모두 민간과의 협력을 권고하고 있지만, 한국의 경우 '민간'이란 지원 시설을 운영하는 주요 종교재단 및 사회복지법인을 가리키는 말인 반면 일본 법률에서 '민간'은 관련 NPO 등 시설을 운영하지 않는 단체까지를 포괄하는 보다 넓은 범위를 가리키는 것으로 보인다.

셋째, 일본은 실질적으로 '거리노숙인'을 지원 대상자로 명시한 반면, 한국의 지원법은 보다 포괄적으로 대상자를 규정하고 있다. 그럼에도 한국 법률에서는 대상자들을 포괄적으로 규정하고 있다는 바로 그 지점에서 차후 법 적용과정에서 혼란을 유발할 소지를 남겨두고 있다. 이 같은 차이는 양국 복지체계의 기본 특성과 그러한 특성이 자리 잡게 된 역사적 경로, 그리고 노숙인 문제가 사회적으로 가시화된 국면의 특징 차이에서 비롯된 것으로 보인다.

노력함과 동시에 민간단체의 능력 활용을 적극 도모하여야 한다." 한국과 일본의 노숙인 지원체계에서 민간부문이 수행하고 있는 역할과 비중의 차이에 대해서는 이 책의 5장을 참조.

우선 법 제정 시기에서의 차이는 기본적으로 노숙인 문제가 가시화된 시점의 차이를 반영하고 있다고 볼 수 있다. 일본에서 홈리스 문제가 불거진 시점을 1990년대 초반으로 잡으면 법 제정까지 걸린 시간은 10여 년이다. 한국에서는 그 시점을 1998년으로 본다면 법 제정까지는 약 15년이 걸린 셈이다. 한국의 경우 응급구호에만 초점을 둔 기존 지원체계에 대한 문제의식에서 법 제정 요구가 비롯되었지만, 응급구호에 초점을 둔 것은 무엇보다 당시의 노숙인 문제를 일시적인 것으로 인식했기 때문이다. 물론 시간이 흐르면서 문제가 장기화될 것이라는 인식이 커지기는 했지만, 사실 법 제정 시기가 늦춰진 것은 그러한 지원체계가 어쨌든 작동하고 있었기 때문이다. 더욱이 지원의 기조가 기본적으로 시설중심의 수용대책에 맞추어져 있었기에, 2005년 시설운영에 관한 최소한의 법적 근거 마련으로도 어느 정도는 지원체계를 유지할 수 있었다.

법적 위상 면에서 한국의 경우 일반적으로 법률을 한시법으로 제정한 경우가 극히 적거니와 이미 노숙인 지원체계의 인프라가 구축되어 있는 상황에서 한시적 지원은 수용되기 어려운 상황이었다. 이미 이해당사자들이 상당한 규모로 존재하고 있었기 때문이다. 반면 일본은 전통적으로 한시법 제정의 사례가 있었고, 법률 제정 당시에는 이해당사자들, 특히 지원체계 종사자들의 이해가 결정적인 영향을 미칠 만큼 조성되지는 않았다. 무엇보다 정부 당국은 당시의 홈리스 문제를 "긴급적, 과도적, 한정적인 것"으로 인식하였다. 이렇게 보면 한국과 일본 양국은 노숙인/홈리스 문제를 모두 일시적인 현상으로 인식하였다는 점에서 공통점을 가진다.

대상자 정의에서의 차이 또한 이전 항목의 해석과 관련이 있다. 일본에서 전통적으로 홈리스로 불리던 이들은 요세바 지역을 거점으로 삼고 있었던 일용노동자들이었다. 그러다 보니 홈리스 문제의 초점도 이들에게 맞추어졌다(Aoki, 2003; 笠井和明, 1995). 다른 한편으로 일본의 홈리스들은 공원이나 하천 등지에 텐트를 치고 생활하는 경우가 많았기에 지원의 초점 또한 이른바 '거리에서 생활하는 사람'들에게로 한정된 것으로 추측된다. 반면 한국에서 노숙인 문제는 초기에 '실직 노숙자'의 문제로 규정되었다. 즉, 기존의 부랑인들과는 달리 이들은 경제위기라는 특수한 상황에서 일자리를 잃은 '정상인'들로 규정되었고, 따라서 임시보호로 이들을 '복귀'시킬 수 있을 것이라 기대하였다(Song, 2006). 그러나 노숙인의 규모가 줄어들지 않고, 그들의 사회복귀를 어렵게 하는 사회적 요인에 관심을 두게 되면서, 잠재적이거나 만성적인 노숙인들에 관한 관심이 생겨나게 되었다. 다른 한편으로는 부랑인과 노숙인으로 이원화된 지원체계를 통합하려는 목적이 강했기에 이 두 범주를 하나로 묶고자 하였지만, 재정적 부담 때문에 '홈리스'라는 포괄적 규정 대신 '노숙인 등'과 같은 제한적 규정을 채택할 수밖에 없었다.

이와 함께 양국의 법률 모두에서 지원 대상에 대한 일종의 자격과 책임을 명시하고 있는 것은 이들에 대한 사회의 양가적 시선을 반영한다. 일본의 경우 90년대 후반에 들어 이른바 '새로운 노숙인'(Guzewicz, 1996; Ezawa, 2002)이 발견되면서 빈곤계층 전반에 대한 사회적 인식이 다소 우호적으로 변하기는 하였지만, 홈리스라고 하면 여전히 요세바의 건설일용노동자들을 떠올렸고, 실제 여러 실태조사에서도 홈리스의 상당수가 일용노동자라는 사실이 확인되었다. 이런 점에서 여전히 홈리스에 대한 기본인식은 "지원받을 자격이 없는, 노동 가능한 빈민"(Kennett & Iwata, 2003: 69)이었다. 한국의 경우에도 노숙인 문제가 가시화된 초기에는 이들에 대한 동정적 시각이 우세하였지만, 일시적인 현상으로 여겼던 문제가 해소되지 않고 다른 한편으로는 노숙인 문제도 더 이상은 극명한 방식으로 드러나지 않음에 따라 시각도 부정적으로 변하였다. 즉 한편으로는 이들에 대한 동정적 시각이 법률의 제정으로 이어졌지만, 실제 법조문에서, 또 시행 과정에서는 여전히 이들을 하나의 '문제'로 바라보는 시각이 반영되어 있다.

마지막으로 한국의 법률에서 시설운영에 관한 조항의 비중이 큰 것은 한국 복지체제의 '시설 중심적' 특성이 반영되어 있는 것으로 해석할 수 있다. 한국의 사회복지에서 시설이 차지하는 비중은 매우 크다. 구한말이나 일제 식민지시대, 해방과 한국전쟁 이후 이른바 요구호대상자에 대한 보호는 대부분 시설보호를 중심으로 이루어져 왔다(김종해, 2000: 13-14). 더욱이 사회복지시설 대부분은 국공립이 아닌 사립으로, 이는 정부의 재정능력 부족으로 요보호대상자 보호를 민간에 의존했던 역사적 배경에서 기인한다(김종해, 2000: 19). 그 결과 한국의 사회복지는 주요 대상자들의 범주에 따른 복지시설 설립이 중심이 되어 왔고, 이러한 경로는 노숙인 문제에 대한 초기 대응의 방향 또한 결정지었다. 이렇게 정향된 경로를 따라 형성된 지원 시설의 종사자들이 법률 제정 과정에서 주된 목소리를 내면서, 다른 한편으로는 그러한 시설운영상의 문제점들이 법률 제정 과정에서 주요 쟁점으로 부각되면서 한국 법률의 초점은 부랑인 시설과 노숙인시설을 어떻게 통합적으로 운영할 것인가 — 그 시설들을 어떻게 체계적으로 지원할 것인가 — 로 자연스럽게 모였다.

3) 주요 쟁점 및 평가

(1) 일본에서의 쟁점과 평가

법률이 제정됨에 따라 일본 정부는 2003년 7월 '홈리스정책에 관한 기본 방침'을 정하고, 2004년부터는 오사카부와 오사카시 등 지방정부도 나름의 실시계획을 세워나갔다. 실시계획을 자립지원사업여부와 생활보호활용여부라는 두 가지 기준으로 유형화한다면, 대규모 요세바를 가지고 있었던 도시의 자립지원사업 중심형(오사카, 나고야), 신주쿠의 홈리스 강제 배제의 실패 경험[19]이 있던 도쿄의 지역생활 이행사업 지원형, 유사 자립지원사업형(센다이, 기타큐슈), 생활보호활용형(교토), 비센터 비생활보호형(사이타마, 치바) 등으로 구분된다.

법률에 따라 2003년 3월에 실시된 첫 번째 홈리스전국실태조사 결과에 따르면, 일본의 홈리스는 25,296명으로, 평균 연령은 55.9세였다. 2007년 조사에서는 홈리스의 수가 18,564명으로 집계되었다(厚生労働省, 2007). 4년간 약 30%가 감소한 것인데, 이는 일반적으로 일본정부의 고용개선과 자립 지원 정책의 성과라고 평가된다.[20] 그러나 「홈리스특별법」에 의한 사업으로 탈노숙한 사례들은 주로 도쿄, 오사카, 나고야 등 대도시의 공원을 점유했던 텐트촌을 철거한 지역에 한정되었고, 요코하마나 가와사키 등에서는 오히려 홈리스가 약간씩 증가

19 1996년 신주쿠역 서쪽 입구의 홈리스 강제퇴거조치가 실시된 적이 있다(渡邊芳, 2010).

20 2000년대 이후 일본의 전체 홈리스 규모가 감소하였고, 감소분 대부분이 거리홈리스의 감소에 따른 것이라는 조사결과는 2003년에 제정된 특별법이 어느 정도 효과가 있었음을 보여주는 지표로 해석될 수 있다. 상세한 내용은 이 책 2장을 참조.

하는 현상이 포착되었다(厚生労働省, 2007). 다른 한편으로는 홈리스가 감소한 대신 불안정한 저임금의 비정규고용이 증가하였고, 홈리스에서 벗어난 이들도 최저생활을 유지할 수 있을 정도로 상황이 개선된 것은 아니었기에 일본의 많은 연구자는 이 법률이 만족할만한 성과를 거두었다고 말하는 것에 유보적인 태도를 보인다. 이처럼 상반되는 평가를 염두에 두고 법 제정 당시, 그리고 그 이후에도 지속적으로 제기되었던 법률상의 쟁점들을 간략하게 살펴보고자 한다.

일본 법률의 기본 목표는 새로운 제도를 도입해 기존 「생활보호법」의 한계를 넘어 홈리스를 지원할 수 있는 가능성을 열어두는 것에 있다고 할 수 있다. 실제로 그런 효과를 발휘했던지와는 별개로 사사누마 히로시는 법률이 실질적인 성과를 거두기 위해 전제되어야 할 여덟 가지 조건을 제시한다. 첫째, 「홈리스특별법」의 지원 최저기준은 생활보호법상의 최저생활 기준보다 낮아야 한다. 둘째, 생활보호법의 운용상에서 드러난 문제들을 시정할 수 있어야 한다. 셋째, 「홈리스특별법」은 생활보호법에 우선해야 한다. 넷째, 「홈리스특별법」은 홈리스 당사자들의 자립지원책 청구권을 인정해야 한다. 다섯째, 주거보장에서 생활보호법이 정한 주택부조상의 한계를 극복해야 한다. 여기에는 지원숙소의 다양화, 홈리스의 다수를 이루고 있는 고령자의 거주안정주택 바우처 제도의 도입, 민간단체에 의한 임대채무 보증 등 별도의 제도 도입을 포함한다. 여섯째, 취로 보장의 가능성이 제고되어야 한다. 일곱째, 지역에서의 자립생활지원을 위한 네트워크가 만들어져야 한다. 여덟째, 자립지원책 실시의 법적 통제, 당사자의 수속권 보장 등이 보증되어야 한다(笹沼, 2008: 170-190).

이러한 기준에 따라 그는 「홈리스특별법」을 헌법상의 권리나 최저생활보장에 대한 일반 법률인 생활보호법 등과의 연관 속에서 해석해야 한다고 보았다. 헌법상의 권리로서의 개인의 존중과 자기결정권, 행복추구권, 개인의 존엄, 생존권, 거주의 자유, 근로의 권리 등에 비추어 특별법의 내용이 충분한가를 묻고, 또 최저생활보장의 일반법인 생활보호법이 최저생활보장뿐만 아니라 자립의 조장을 목적으로 한다고 보고 이와의 연관성 속에서 특별법을 평가해야 한다는 것이다. 그는 특히 자기결정에 기초한 행복추구를 위한 조건 창출에 생활보호법의 의의가 있다고 해석하면서 특별법이 이런 정신을 담고 있는지, 반대로 홈리스들을 게으른 자로 보고 이를 방지해야 한다고 생각하는 '타민방지론(墮民防止論)'의 관점을 내포하고 있는지를 평가의 기준으로 삼아야 한다고 주장한다(笠井, 2008). 이러한 기준에 따라 그는, 법률이 노숙행위를 사회적으로 강제된 것으로 보고 있다는 점에서, 책임의 일정 부분을 사회가 맡아야 한다는 인식과 홈리스의 인권에 대한 인식이 어느 정도 담겨있다고 평가한다(笠井, 2008: 154-156).

실제로 법률이 제정되면서 법에 기초한 정책이 확충되어 감에 따라 지원을 위하여 쓸 수 있는 자원이 늘었고, 또 사업위탁 등으로 민간단체들이 정책 시행 과정에 참여할 기회가 커진 것은 사실이다. 지원 단체 활동수준의 폭이 확대되면서 지원 단체와 활동을 전국적 수준에서 조율하기 위한 〈홈리스지원 전국네트워크〉도 설립되었다. 또한 법 제정에 따라 한편으로는 홈리스 지원에 대한 사회적 인지도나 신뢰도가 높아지고, 다른 한편으로는 변호사나 사회복지사 등 기존의 전문직 종사자들이 홈리스 지원 활동에 참여할 수 있는 기회가 늘어나는 등 지원활동의 사회적 기반이 확대된 것도 긍정적인 효과로 평가되고 있다(沖野, 2012: 57). 그러나 유사한 기준에서 특별법의 한계를 지적하는 목소리도 꾸준히 나왔다. 일례로 변호사 엔도 히로미치(遠藤比呂通)는, 법률이 홈리스를 자립적이지 않다고 전제하고 있다는 점에서 평등권에 위반되며, 거주권 침해의 요소가 있는 한편, 당사자를 배제하는 것으로 해석될 수 있는 조항들이 있다는 점에서 위헌이라는 견해를 피력하였다(小柳, 2003: 154-155).

구체적으로 법률의 제정 과정에서 격렬한 논쟁의 대상이 된 조항은 첫째, 대상자를 "도시공원, 하천, 도로, 역사 등 기타 시설"에서 노숙하는 거리홈리스로 한정하고 있는 제2조와 둘째, 지원의 자격과 책임을 묻고 있는 제3~4조, 마지막으로, 필요할 경우 공공시설에서 홈리스에 대해 조치를 취할 수 있다는 내용을 담은 제11조였다(沖野, 2012: 54-55).[21]

법 제정의 당사자였고 〈신주쿠연락회〉에서 활동한 가즈히 카즈아키(笠井和明)는 제11조 강제배제조항의 위험성을 지적하면서도 기본적으로 원안을 지지한다는 입장을 표명한 반면, 이나가키(稲垣浩)는 법안의 강제배제조항에 주목하면서 직업안정법, 생활보호법, 결핵예방법 등 현행 법률을 충분히 활용해 홈리스 수를 줄일 수 있음에도 새로운 법률을 제정하려는 이유는 홈리스의 강제배제와 시설수용을 꾀하는 것이라고 주장하였다. 정부가 치안유지를 도모할 목적으로 법 제정을 하는 것이며, 이는 '유사법안'과 관계있다는 것이다. 따라서 그에 의하면, 장애자기본법 개정 시 '자립에의 노력'이라는 규정이 삭제된 것처럼, 홈리스 모두가 자립 의사를 가진 것으로 인정하여 이들을 배제하는 것을 금지하는 것을 전제로 법률이 제정되어야만 하였다(笠井, 2008: 157).

조금 다른 맥락에서, 당시 거리노숙인의 40%는 일반적 취업으로 자립하기가 어려운 사람들이라는 인식이 있었음에도 법률에 기초해서 만들어진 기본방침에서는 "취업을 통한 경제적 자립"이 강조되면서 이들의 다수가 자의적 기준에 따라 배제될 것이라는 우려도 있었

21 관련 법조문은 이 책의 부록, '한국과 일본의 노숙인 관련 법률 전문'을 참조.

다(沖野, 2012).[22] 또 제11조의 "시설의 적정한 이용을 보장하기 위한 필요한 조치"에서 조치의 요건이 무엇인지도 쟁점이 되었다. 국가나 지방공공단체의 강제퇴거권과 홈리스의 주거권이 충돌할 가능성이 있었기 때문이다. 이에 관해 나고야에서 오랫동안 노숙자 지원 활동을 해 온 후지이 가즈히코는 제1조와 제11조가 모순된다는 것에 주목하여 프랑스의 「반배제법」(1998)처럼 법률의 목적에 따라 제11조를 삭제할 것을 주장한 바 있다(藤井, 2003).

법률의 실효성에 대한 비판도 있었다. 사사누마는 정부의 기본방침이 그 이전부터 대도시에서 실시되고 있었던 자립지원 사업에 취업 정보제공 등 소극적인 시책만을 추가하는 정도에 그쳤다고 비판하였다(笹沼, 2008: 192). 지방정부가 자주적으로 정책을 시행한다고 하였지만, 재정의 절반을 부담하는 것 외에 할 수 있는 것이 거의 없었다는 것이다. 실제로 홈리스 당사자나 지원 단체가 강력히 요구했던 안정된 고용 제공이나 취업기회의 확보, 공적고용 등은 과거 실업대책사업의 실패를 이유로 조문으로 채택되지 않았다. 주택정책의 책임을 진 국토교통성도 공공시설 관리자의 입장에서 홈리스를 배제하는 문제에 관심이 있었을 뿐 주택확보정책에는 무관심하였다는 비판이 많았다. 오히려 지원주체의 책임과 역할을 모호하게 규정한 법 제정으로 인해[23] 지자체들이 책임을 서로 미루는 한편 홈리스의

22 제2~4조는 "자립의 의사가 있는 홈리스에 대하여" 고용이나 거주 장소를 확보해 준다는 의미를 담고 있어 '자립'의 의미를 어떻게 해석해야 할지, 또 자립에의 의사 여부를 어떻게 경험적으로 판정할 것인가를 두고 많은 논의가 이루어졌다.

23 "제9조(실시계획) ① 도도부현은 홈리스 문제에 대한 정책을 실시하기 위하여 필요한 경우 기본방침에 입각하여 해당 시책을 실시하기 위한 계획을 수립해야 한다."

유입을 경계하는 악순환이 나타나고 있다는 문제 제기도 있었다(沖野, 2012).

특별조치법이라는 법률의 위상 및 형식에 대해서도 문제가 제기되었다. 일본에서 특별조치법은 「동화대책특별법」(1969), 오키나와의 「토지사용특별조치법」(1960), 「아이누문화진흥법」(1997) 등이 있었는데, 이런 법률이 시행됨에 따라 당사자나 운동단체 간 분열과 대립이 발생하였다는 인식들이 많았다. 이러한 양가적인 성격을 반영하듯 일부 홈리스 지원 단체들은 법 제정을 환영했지만, 또 다른 일부 단체들은 법조문의 위험성을 지적하면서 수정을 요구하거나 폐지를 요구하는 등 매우 다양한 반응을 보였다. 우호적인 입장에서는 법 제정에 따라 권력의 자의적 행사가 제한될 것이라고 해석한 반면 우려하는 입장에서는 법률을 근거로 정부가 강제배제조치를 할 가능성에 무게를 두었다.

실제로 법이 제정된 시기와 맞물려 '배제'의 조치로 간주될 수 있는 일련의 조치들이 시행된 것은 사실이다. 특별법이 제정된 2002년 7월 31일 바로 다음날 오사카의 노상 텐트촌에 한 장의 삐라가 뿌려졌는데, 그 내용은 환경미화대책에 관한 것으로 8월 22일에 청소작업과 약제 살포작업을 한다는 것이었다(小柳, 2003. 160). 그와 함께 "10월 10일까지 당국이 관리하는 공단용지에 방치되어 있는 물건들을 제거해 줄 것, 그때까지 제거하지 않는 경우 당국에서 처분한다"는 권고서도 뿌려졌다. 이듬해인 2003년 2월에는 '텐트촌 철거'를 알리는 간판이 세워졌다. 이에 대해 고야나기는 자립지원법의 법률조항 중 제11조가 맨 먼저 시민에게 모습을 드러냈다고 표현하였다(小柳, 2003: 160). 국토교통성은 2002년 8월 7일, 하천부지 등을 적정하게 이용하게 하기 위해 필요한 조치를 취하겠다는 통지를 하였고, 후생노동성도 홈리스에 대한 생활보호를 위한 조치로 "취로의 의욕이 있지만, 실업상태에 있는 사람들에게 자립지원센터에 입소시킬 것을 검토한다"고 통지하였다(藤井, 2003: 164-166).

(2) 한국에서의 쟁점과 평가

한국의 「노숙인복지법」의 경우, 2012년 6월 7일에 시행령이, 6월 8일에 시행규칙이 공포되었다. 또 같은 날 서울시는 '서울시 노숙인 권리장전'을 발표하였다. 법률이 시행된 지 2년여가 지난 현시점에서 법의 효과를 말하기는 어렵지만 법 제정을 계기로 다양한 논의가 전개되고 있는 것[24]만은 분명하다. 여기에서는 지금까지 논의된 법 제정의 함의와 한계를 정리하는 것으로 쟁점 검토를 대신하고자 한다.

황선영에 따르면 법 제정의 함의는 크게 다섯 가지로 정리된다(황선영, 2012). 첫째, 법률에 국가와 지방자치단체의 노숙인 보호 의무를 명확히 함으로써 국민이면 누구나 누려야 할 헌법상의 권리가 '노숙인 등'에게도 구체적으로 적용될 수 있게 되었다. 둘째, 노숙인의 범주를 확대하여 규정하였다. 셋째, '노숙인 등'으로 지원 대상을 일원화함으로써 서비스전달체계를 보다 체계화하였다. 넷째, 보건복지부 장관으로 하여금 5년마다 노숙인 등의 복지 및 자립지원 종합계획 수립과 실태조사를 의무화하고, 아울러 보건복지부 장관을 비롯한 중앙행정기관의 장과 시·도지사에게 시행계획의 수립·시행을 의무화함으로써 법률의 실효성을 제고하였다. 다섯째, 노숙인 등에

24 실태조사 및 정책개발을 위해 한국도시연구소 산하에 '홈리스정책연구센터'가 2012년 10월에 개소되었으며, 이 센터를 중심으로 2012년 11월에는 실태조사가 진행되었다. 또 법 시행에 따라 기존의 시설들을 유형화하고 전문화하는 방안에 대한 토론회가 진행되었으며, 2013년 7월에는 법 시행 1주년을 맞아 국회에서 관련 토론회가 개최되기도 하였다(서종균, 2013).

게 제공되어야 할 복지서비스로 주거지원, 급식지원, 의료지원, 고용지원, 응급조치 등으로 구체화하였고, 특히 홈리스 대책의 본질인 주거 문제 해결을 지원서비스의 하나로 규정함으로써 기존의 정책과는 차별화된 모습을 보였다.

그럼에도 다른 한편에서는 한계를 지적하고 있다. 기재일(2011)에 따르면, 「노숙인복지법」은 첫째, 법률상의 대상자 정의에서 빈곤의 수준과 연고자 유무에 대한 사항을 포함하지 않아 노숙인을 지원할 때 「국민기초생활보장법」을 적용하는 데에는 한계가 있다. 둘째, 복지전달체계가 일원화되기는 했지만 전체적인 틀은 기존의 보호체계에서 이름만 바뀐 상황이고, 종합지원센터의 신설, 무료진료소 및 급식소의 법제화가 이루어졌지만 노숙위기 계층을 돌보는 쪽방상담소는 여전히 보호체계의 틀에서 배제되었다. 셋째, '노숙인 등'으로 범위를 확대하고, 국가와 지방자치단체의 책임과 역할을 법제화함으로써 앞으로 이에 대한 복지예산수요가 커질 것이 예상되지만, 상응하는 예산이 확보될지가 불투명하다. 실제 시행 1년을 넘어선 시점에서도 유사한 문제 제기가 계속되었던 것을 보면,[25] 이런 문제들이 쉽게 해결되지는 않을 것이라는 전망을 가능케 한다.

또한 일본에서의 경우와 마찬가지로 법이 제정된 시기와 맞물려 진행된 배제조치도 고려해야 한다. 2011년 7월 말 한국철도공사(이하 코레일)는 서울역 야간노숙금지조치를 발표하고 8월 22일부로 시행하였다(김준호, 2011).[26] 이에 노숙인 지원 시설 관계자 및 관련 반빈곤단

25 법시행 1주년을 맞아 개최된 토론회에서도 비슷한 지적이 나왔다. 관련 내용은 서종균(2013)의 발표문을 참조.

26 '23시 이후 노숙인 퇴거 안내, 오전 1시 30분~4시 30분 서울역 출입문 쇄정, 오전 4~7시 역사 내 진입 노숙인 출입통제'가 골자였다.

체와 인권단체는 '서울역 노숙인 강제퇴거 철회 및 공공역사 홈리스 지원 대책 마련을 위한 공동대책위원회'를 구성하고 금지조치 철회를 꾸준하게 요구하였다. 그럼에도 코레일 측의 입장에는 변화가 없고, 조치 이후 서울역사를 포함한 주변에서 노숙인들을 감시하고 경계하는 행위들이 가시화되었다(이동현, 2012).

법률 제정과 거의 유사한 시기에 취해진 이러한 상반된 조치들은 결국 법률의 시행과정이 순탄치 않을 것임을 예고한다. 실제로 법률안 자체가 노숙인에 대한 동정적이면서 경멸적인 상반된 시선을 모두 담고 있는 것이다.

5. 맺음말

우리는 이 글에서, 일본의 법률이 제정된 지 10년 후에 한국 법률이 제정되었다는 점, 한국의 법률 제정을 위한 검토 자료에 일본의 법률이 주요 참고 사례로 자주 등장하고 있다는 점, 실제 법률의 기본 구성에서 두 법률이 유사하다는 점에서 한국의 법률이 일본의 법률로부터 상당한 영향을 받았음을 확인할 수 있었다. 양국의 법률 모두에서 노숙인에 대한 사회의 양가적 시선을 읽을 수도 있었다. 이를 반영한 양국의 법률은 한편으로는 지원의 대상과 자격, 수준을 정의하는 데에 모호한 조항을 다수 담고 있고, 다른 한편으로는 구체적인 책임 소재를 명확하게 규정하지 않고 있었다. 이 점에서 실제로 각 법률이 어느 정도까지 효과를 거둘지는 당시의 사회 분위기와 지원기관의 의지에 따라 상당 부분 동적일 것이다.

물론 법률의 구성과 내용, 관련 쟁점 면에서 차이점 또한 적지 않았다. 특히 지원 시설 운영에 관한 조문들이 상당수를 차지하고 있는 한국 법률의 특성과 NPO 등 비영리단체의 활발한 활동을 의식하고 있는 일본 법률의 특성은 양국 복지체계 및 관련 법률 비교를 통해 더 밝혀져야 할 부분이다.

남은 연구 과제는 크게 세 가지이다. 첫째, 한국의 「노숙인복지법」이 노숙인 지원체계에 미칠 영향에 대한 연구가 필요하다. 둘째, 한시법으로 제정된 일본의 「홈리스특별법」의 경우 효력기간이 있다는 점[27]에서 앞으로 겪게 될 변화에 대한 추적 연구가 필요하다. 마지막으로 법률의 실질적 함의를 도출하기 위해서는, 양국의 법률이 노숙인 지원체계의 형성 및 변화에 미친 영향에 대한 종합적인 검토가 이루어져야 한다. 보다 근본적으로는, 양국 복지체계의 기원과 형성 경로에 대한 충분한 비교 검토를 통해 노숙인 법률의 위치와 맥락을 파악하고, 이를 통해 그 함의를 보다 입체적으로 분석할 필요가 있다.

27 일본의 「홈리스특별법」은 원래 2012년 7월로 종료될 예정이었지만, 사회적 요구를 반영하여 2012년 6월, 효력기간을 5년 연장하였다.

참고문헌

기재일(2011). 「노숙인 복지법 제정에 따른 지원체계 개선방안」, 『서울터전』 18: 1-33.

김대현(2011). 「법안심사소위 심사참고자료: 노숙인·부랑인복지법안 등 조문대비표」, 보건복지위원회(2011. 4).

김선미(2010). 「2010 국정감사 정책연구 1: 홈리스법 입법의 필요성 및 입법과제」, 곽정숙 의원실(2010. 9. 18).

김종해(2000). 「사회복지시설의 현황과 발전 방향: 법인과 시설의 사회화를 중심으로」, 『상황과 복지』 8: 13-42.

김준호(2011). 「노숙인이라는 사회적 발명품, 그리고 공간의 정치: 서울역 야간 노숙금지조치에 대한 비판적 고찰」, 『시민과세계』 20: 109-121.

남기철(2010). 「홈리스복지법의 필요성」, 『주거취약계층의 주거안정을 위한 홈리스법 제정관련 정책토론회 자료집』(2010. 7. 21).

보건복지부(2011). 「'노숙인 등의 복지 및 자립지원에 관한 법률' 공포」, 보건복지부 보도자료(2011. 6. 7).

서종균(2013). 「노숙인법률 시행 1년의 성과와 향후 과제」, 『노숙인 등의 복지 및 자립지원에 관한 법률」 시행 1주년 기념토론회 자료집』(2013. 7. 11).

이동현(2012). 「서울역 노숙인 퇴거조치 1년의 후폭풍과 대응」, 『복지동향』 164: 14-19.

이동희(2010). 「외국어와 법령용어-부랑인 노숙인은 Homeless?」, 법제처 법령해설 및 심의 경과(2010. 1).

이헌석·여경수(2011). 「'노숙인 등의 복지 및 자립지원에 관한 법률'의 평가와 향후 과제」, 『토지공법연구』 55: 319-338.

정근식(2012). 「노숙인 담론과 제도의 역사적 변동」, 구인회·정근식·신명호 편,

『한국의 노숙인: 그 삶을 이해한다는 것』, 서울대학교출판문화원.
정원오(2010). 「홈리스복지법에 담겨야 할 내용」, 『주거취약계층의 주거안정을 위한 홈리스법 제정관련 정책토론회 자료집』(2010. 7. 21).
정원오(2011). 「'노숙인 등의 복지 및 자립지원에 관한 법률' 제정 의미와 과제」, 『「노숙인 등의 복지 및 자립지원에 관한 법률」의 제정 의의 및 과제에 대한 정책토론회 자료집』(2011. 6. 10).
정원오 외(2009). 『홈리스법 제정을 위한 기초연구』, 부랑인시설연합회.
황선영(2012). 「노숙인 등의 복지 및 자립지원에 관한 법률제정에 따른 서울시 조례 제정 방향」, 서울특별시 노숙인 복지 지원조례 제정을 위한 토론회 발표문(2012. 6. 13).

菊池馨実(2009). 「ホームレス自立支援をめぐる法的課題」, 『季刊社会保障研究』 45(2): 107-120.
渡邊芳(2010). 『自立の呪縛: ホ-ムレス支援の社會學』, 東京: 新泉社.
藤井克彦(2003). 「名古屋市のホ-ムレス自立支援施策の現状と問題點」, 『寄せ場』 第16號
笠井和明(1995). 「いわゆる'ホ-ムレス'問題とは」, 『寄せ場』 第8號(김수현 역, 「일본 홈리스 문제의 이해」, 『도시와 빈곤』 통권 18호).
笠井和明(2008). 「新宿區の'推進計劃'は無かつたものにしておくれ」, 『Shelter-less』 28.
濱村(2003). 「寄せ場とオールドカマー: 戰後における寄せ場形成の再檢討」, 『寄せ場』 第16號.
山本憲一(2008). 「自立支援センターの5年から, 『Shelter-less』 28.
小柳伸顯(2003). 「ホ-ムレス問題と特別措置法」, 『寄せ場』 第16號.
笹沼弘志(2008). 『ホ-ムレスと自立/排除』, 東京: 大月書店.
新川敏光(2001)[1993]. 『일본 사회복지의 정치경제학』, 윤문구 역, 홍익재.
沖野充彦(2012). 「ホームレス自立支援法の10年とこれからの課題」, 『ホームレスと社会』 5: 53-62.
厚生労働省(2007). 「『平成19年ホームレスの実態に関する全国調査(生活実態調査)』の分析結果(概要)」, 社会·援護局地域福祉課(2007. 11. 13).
なすび(2003). 「'ホ-ムレス自立支援特別措置法'成立後の行政動向と問題」, 『寄せ場』 第16號.

Aoki, Hideo(2003). "Homelessness in Osaka: Globalisation, Yoseba and Disemployment," *Urban Studies* 40(2): 361-378.

Ezawa, Aya(2002). "Japan's 'New Homeless,'" *Journal of Social Distress and the Homeless* 11(4): 279-291.

Guzewicz, D. Tony(1996). "A New Generation of Homeless Hits Tokyo's Streets," *Japan Quarterly July-September* 43-53.

Kennett, P. & Iwata, M.(2003). "Precariousness in Everyday Life-Homelessness in Japan," *International Journal of Urban and Regional Research* 27(1): 62-74.

Song, Jesook(2006). "Historiciztion of Homeless Spaces: The Seoul Train Station Square and the House of Freedom," *Anthropological Quarterly* 79(2): 193-223.

「노숙인 등의 복지 및 자립지원에 관한 법률」(2011. 4. 15)

「노숙인·부랑인복지법안」(유재중 의원 대표발의, 2010. 12. 6)

「노숙인·부랑인 지원법안」(강명순 의원 대표발의, 2011. 3. 11)

「홈리스복지법안」(이낙연 의원 대표발의, 2011. 2. 28)

「홈리스의 자립지원을 위한 기본방침」(일본 후생노동성, 2003. 7. 31)

「홈리스 인권보장 및 지원에 관한 법안」(곽정숙 의원 대표발의, 2011. 3. 16)

「홈리스 자립지원을 위한 특별조치법」(2002. 8. 7)

국가법령정보센터(http://www.law.go.kr)(한국)

법령데이터제공시스템(http://law.e-gov.go.jp)(일본)

보건복지부 통계자료(http://stat.mw.go.kr)

부록

한국과 일본의 노숙인 관련 법률 전문

[한국] 노숙인 등의 복지 및 자립지원에 관한 법률

[시행 2012.6.8] [법률 제10784호, 2011.6.7. 제정]

제1장 총칙

제1조(목적) 이 법은 노숙인(露宿人) 등의 인간다운 생활을 할 권리를 보호하고 재활 및 자립을 위한 기반을 조성하여 이들의 건전한 사회복귀와 복지증진에 이바지하는 것을 목적으로 한다.

제2조(정의) 이 법에서 사용하는 용어의 정의는 다음과 같다.

1. "노숙인 등"이란 다음 각 목의 어느 하나에 해당하는 사람 중 보건복지부령으로 정하는 사람을 말한다.
   가. 상당한 기간 동안 일정한 주거 없이 생활하는 사람
   나. 노숙인시설을 이용하거나 상당한 기간 동안 노숙인시설에서 생활하는 사람
   다. 상당한 기간 동안 주거로서의 적절성이 현저히 낮은 곳에서 생활하는 사람
2. "노숙인시설"이란 이 법에 따른 노숙인 등을 위한 노숙인복지시설, 노숙인종합지원센터를 말한다.
3. "노숙인시설 종사자"란 노숙인시설에서 노숙인 등의 보호, 상담, 복지서비스 연계 및 노숙인 등의 복지에 관한 업무를 담당하는 사람으로서 노숙인시설의 장 및 그 종사자를 말한다.

제3조(국가와 지방자치단체의 책임) ① 국가와 지방자치단체는 노숙 등을 예방하고, 노숙인 등의 권익을 보장하며, 보호와 재활 및 자활을 지원하기 위한 정책을 마련하여 노숙인 등의 사회복귀 및 복지를 향상시킬 책임을 진다.

② 국가와 지방자치단체는 노숙인 등을 위한 지원 사업을 원활히 추진하기 위하여 관련 민간단체와 협력하여야 한다.

제4조(노숙인 등의 권리와 책임) ① 노숙인 등은 국가와 지방자치단체로부터 적절한 주거와 보호 등을 제공받을 수 있으며, 스스로 생활수준을 향상시키기 위하여 성실히 노력하여야 한다.

② 노숙인 등은 제14조에 따른 응급상황 발생 시 경찰 또는 노숙인 등 관련 업무 종사자의 응급조치에 응하여야 한다.

제5조(중복지원의 제한) 다른 법률에 따라 이 법에서 정한 복지서비스의 내용과 유사한 보호 또는 지원을 받고 있는 노숙인 등에 대하여는 대통령령으로 정하는 바에 따라 이 법에 따른 복지서비스를 제한할 수 있다.

제6조(다른 법률과의 관계) 이 법에서 특별히 규정하지 아니한 사항에 대하여는 「사회복지사업법」에서 정하는 바에 따른다.

제2장 노숙인 등을 위한 종합계획의 수립 등

제7조(노숙인 등의 복지 및 자립지원 종합계획의 수립 등) ① 보건복지부장관은 노숙인 등의 보호 및 자립 등을 지원하기 위하여 5년마다 다음 각 호의 사항을 포함하는 노숙인 등의 복지 및 자립지원 종합계획(이하 "종합계획"이라 한다)을 수립·시행하여야 한다.

1. 노숙인 등에 대한 정책의 목표와 방향
2. 노숙인 등의 발생예방·사후관리 및 감소 방안
3. 정책성과 지표와 재정계획
4. 노숙인시설의 설치·확보 및 주거지원·복지서비스 등에 관한 사항
5. 민간협력에 관한 사항
6. 노숙인 등의 보호와 자립을 위한 관계 중앙행정기관의 장과의 협력에 관한 사항
7. 그 밖에 대통령령으로 정하는 노숙인 등 정책에 관한 사항

② 보건복지부장관은 종합계획을 수립할 때 미리 관계 중앙행정기관의 장과 협의하여야 한다.

③ 종합계획은 「사회보장기본법」 제16조에 따른 사회보장심의위원회의 심의를 거쳐 확정한다. 종합계획을 변경하려는 경우에도 또한 같다.

④ 보건복지부장관은 확정·변경된 종합계획을 관계 중앙행정기관의 장 및 특별시장·광역시장·도지사·특별자치도지사(이하 "시·도지사"라 한다)에게 알려야 한다.

⑤ 보건복지부장관, 관계 중앙행정기관의 장 및 시·도지사는 종합계획 및 제8조에 따른 시행계획을 수립·시행하기 위하여 필요한 경우에는 관계 공공기관·사회단체 및 그 밖의 민간기업의 장에게 필요한 자료의 제출 등 협조를 요청할 수 있다.

⑥ 제5항에 따라 협조를 요청받은 자는 정당한 사유가 없는 한 이에 응하여야 한다.

제8조(시행계획의 수립·시행 등) ① 보건복지부장관, 관계 중앙행정기관의 장 및 시·도지사는 종합계획에 따라 노숙인 등 정책에 관한 시행계획(이하 "시행계획"이라 한다)을 매년 수립·시행하여야 한다.

② 관계 중앙행정기관의 장 및 시·도지사는 다음 연도 시행계획 및 전년도 시행계획에 따른 추진실적을 대통령령으로 정하는 바에 따라 매년 보건복지부장관에게 제출하여야 한다.

③ 보건복지부장관은 매년 시행계획에 따른 추진실적을 평가하여야 한다.

④ 시행계획의 수립·시행 및 추진실적의 평가 등에 필요한 사항은 대통령령으로 정한다.

제9조(실태조사) ① 보건복지부장관은 이 법의 적설한 시행을 위하여 노숙인 등의 현황과 이들에 대한 공공 및 민간의 지원상황에 대하여 5년마다 실태조사를 실시하여야 한다.

② 제1항에 따른 실태조사의 시기·방법과 내용 등에 필요한 사항은 보건복지부령으로 정한다.

제3장 복지서비스 제공

제10조(주거지원) ① 국가와 지방자치단체는 노숙인 등의 적절한 주거생활을 위하여 다음 각 호의 어느 하나에 해당하는 주거지원을 할 수 있다.

1. 제16조에 따른 노숙인복지시설에 의한 보호
2. 「사회복지사업법」 제2조에 따른 사회복지시설 및 다른 법률에 따른 보호시설에 의한 보호
3. 임대주택의 공급
4. 임시주거비 지원
5. 그 밖에 대통령령으로 정하는 주거지원

② 제1항에 따른 주거지원의 기준·방법·절차 등에 필요한 사항은 대통령령으로 정한다.

제11조(급식지원) ① 국가와 지방자치단체는 노숙인 등에게 필요한 급식서비스를 제공하기 위하여 노숙인급식시설을 설치·운영할 수 있다.

② 국가와 지방자치단체 외의 자가 노숙인급식시설을 설치·운영하려면 보건복지부령으로 정하는 바에 따라 시장·군수·구청장(자치구의 구청장을 말한다. 이하 같다)에게 신고하여야 한다.

③ 노숙인급식시설의 설치·운영·지원기준 등 급식지원에 필요한 사항은 보건복지부령으로 정한다.

제12조(의료지원) ① 국가와 지방자치단체는 노숙인 등에게 필요한 의료서비스를 제공하기 위하여 노숙인진료시설을 설치·운영할 수 있다.

② 국가와 지방자치단체는 국공립병원, 보건소 또는 민간의료기관을 노숙인진료시설로 지정할 수 있다.

③ 국가와 지방자치단체는 전문적인 처치와 수술 등을 필요로 하는 노숙인 등에 대한 전문 의료서비스의 제공을 국공립병원, 보건소 또는 민간의료기관에 의뢰하거나 위탁할 수 있다.

④ 국가와 지방자치단체 외의 자는 보건복지부령으로 정하는 바에 따라 노숙인진료시설을 설치·운영할 수 있다.

⑤ 노숙인진료시설의 설치·운영 및 지정기준 등 노숙인 등에 대한 의료지원에 필요한 사항은 보건복지부령으로 정한다.

제13조(고용지원) ① 국가와 지방자치단체는 노숙인 등의 고용을 지원하고 촉진하기 위하여 고용정보의 제공, 직업지원, 취업알선, 직업능력개발 등 필요한 조치를 할 수 있다.

② 국가와 지방자치단체는 노숙인 등의 고용을 촉진하기 위하여 공공일자리 제공 등 자활지원사업을 실시할 수 있다.

③ 국가와 지방자치단체 외의 자가 자활지원사업을 실시하려면 보건복지부령으로 정하는 바에 따라 시장·군수·구청장에게 신고하여야 한다.

④ 제1항 및 제2항에 따른 노숙인 등에 대한 고용지원에 필요한 사항은 대통령령으로 정한다.

제14조(응급조치의 의무) ① 경찰 또는 노숙인 등 관련 업무 종사자는 중대한 질병, 동사(凍死) 등 노숙인 등에 관한 응급상황을 신고 받거나 발견한 때에는 지체 없이 필요한 조치를 하여야 한다.

② 제1항에 따른 응급상황, 필요한 조치의 내용 및 노숙인 등 관련 업무 종사자의 범위 등에 필요한 사항은 대통령령으로 정한다.

제4장 노숙인시설

제15조(노숙인시설의 설치·운영 등) ① 국가와 지방자치단체는 노숙인 등의 자립과 사회복귀 등을 지원하기 위하여 노숙인시설을 설치·운영하거나 사회복지법인 또는 비영리법인에 위탁하여 운영할 수 있다.

② 국가와 지방자치단체 외의 자가 노숙인복지시설을 설치·운영하고자 하는 때에는 보건복지부령으로 정하는 바에 따라 시장·군수·구청장에게 신고하여야 한다.

③ 노숙인시설의 설치·운영 기준 등에 필요한 사항은 보건복지부령으로 정한다.

제16조(노숙인복지시설의 종류) ① 노숙인복지시설의 종류는 다음 각 호와 같다.

1. 노숙인일시보호시설: 노숙인 등에게 일시보호 및 복지서비스 연계 등을 제공하는 시설
2. 노숙인자활시설: 노숙인 등의 자립을 지원하기 위하여 전문적인 직업상담·훈련 등의 복지서비스를 제공하는 시설
3. 노숙인재활시설: 신체 및 정신장애 등으로 자립이 어려운 노숙인 등에게 치료 및 재활서비스를 제공하는 시설
4. 노숙인요양시설: 건강상의 문제 등으로 단기간 내 가정 및 사회복귀가 어려운 노숙인 등에게 요양서비스를 제공하는 시설

5. 노숙인급식시설: 제11조에 따른 급식시설
6. 노숙인진료시설: 제12조에 따른 진료시설
7. 그 밖에 보건복지부령으로 정하는 시설

② 제1항에 따른 노숙인복지시설의 구체적인 사업내용 및 기준에 관하여 필요한 사항은 보건복지부령으로 정한다.

제17조(노숙인복지시설의 입소·퇴소 등) ① 노숙인복지시설에 입소 또는 퇴소하려는 노숙인 등은 노숙인복지시설의 장에게 입소를 신청하거나 퇴소를 요청할 수 있다.

② 시장·군수·구청장, 경찰관서의 장(지구대·파출소 및 출장소를 포함한다)은 보건복지부령으로 정하는 바에 따라 노숙인 등의 입소를 의뢰할 수 있다.

③ 시장·군수·구청장은 노숙인 등의 입소·퇴소 결정 및 다른 사회복지시설로의 전원(轉院) 등 필요한 조치를 위하여 입소·퇴소심사위원회를 둘 수 있다.

④ 제1항과 제2항에 따른 노숙인복지시설의 입소·퇴소의 기준·방법·절차 등에 필요한 사항과 제3항에 따른 입소·퇴소심사위원회의 구성과 운영 등에 필요한 사항은 보건복지부령으로 정한다.

제18조(노숙인복지시설의 서비스) ① 노숙인복지시설의 장은 입소자에게 자활 및 재활에 필요한 프로그램을 제공하고 입소자의 건강관리 등을 위하여 필요한 조치를 취하여야 한다.

② 제1항에 따른 자활 및 재활프로그램 운영, 건강관리 등에 필요한 사항은 보건복지부령으로 정한다.

제19조(노숙인종합지원센터) 노숙인종합지원센터는 다음 각 호의 업무를 수행한다.

1. 제10조, 제12조 및 제13조에 따른 주거·의료·고용 지원을 위한 상담 및 복지서비스 연계
2. 제14조에 따른 응급조치
3. 복지서비스 이력 관리
4. 심리상담
5. 그 밖에 보건복지부령으로 정하는 사항

제20조(인권교육) ① 노숙인시설의 종사자는 노숙인 등에 대한 인권침해

를 예방하기 위한 교육을 받아야 한다.

② 제1항에 따른 교육의 실시에 필요한 사항은 보건복지부령으로 정한다.

제21조(금지행위) 노숙인시설의 종사자는 다음 각 호의 어느 하나에 해당하는 행위를 하여서는 아니 된다.

1. 노숙인 등을 유기하거나 의식주를 포함한 기본적 보호 및 치료를 소홀히 하는 방임행위
2. 노숙인 등에게 구걸을 하게 하거나 영리를 목적으로 노숙인 등 또는 노숙인시설을 이용하여 부당이익을 취하는 행위
3. 노숙인 등을 위하여 증여 또는 급여로 지급받은 금품을 그 목적 외의 용도에 사용하는 행위
4. 정당한 사유 없이 노숙인 등의 입소·퇴소 및 전원조치를 지연하거나 노숙인 등을 강압적으로 시설에 입소·퇴소시키는 행위

제5장 보칙

제22조(비용의 보조) 국가와 지방자치단체는 대통령령으로 정하는 바에 따라 노숙인시설의 설치·운영에 필요한 비용을 보조할 수 있다.

제23조(비밀누설의 금지) 노숙인시설에 종사하였거나 종사하고 있는 사람은 직무상 알게 된 다른 사람의 비밀을 누설하여서는 아니 된다.

제24조(유사명칭의 사용 금지) 이 법에 따른 노숙인시설이 아니면 노숙인시설 또는 이와 유사한 명칭을 사용하지 못한다.

제25조(권한의 위임·위탁) ① 이 법에 따른 보건복지부장관의 권한은 그 일부를 대통령령으로 정하는 바에 따라 시·도지사 또는 시장·군수·구청장에게 위임할 수 있다.

② 보건복지부장관, 시·도지사 또는 시장·군수·구청장은 이 법에 따른 업무의 일부를 대통령령으로 정하는 바에 따라 관련 단체 또는 법인에 위탁할 수 있다.

제6장 벌칙

제26조(벌칙) ① 제21조를 위반하여 금지행위를 한 사람은 3년 이하의 징역 또는 1천500만 원 이하의 벌금에 처한다.

② 제23조를 위반하여 직무상 알게 된 비밀을 누설한 사람은 2년 이하의 징역 또는 1천만원 이하의 벌금에 처한다.

③ 제15조 제2항을 위반하여 신고하지 아니하고 노숙인복지시설(노숙인 급식시설은 제외한다)을 설치·운영한 자는 1년 이하의 징역 또는 1천만 원 이하의 벌금에 처한다.

제27조(양벌규정) 법인의 대표자나 법인 또는 개인의 대리인, 사용인, 그 밖의 종업원이 그 법인 또는 개인의 업무에 관하여 제26조의 위반행위를 하면 그 행위자를 벌하는 외에 그 법인 또는 개인에게도 해당 조문의 벌금형을 과(科)한다. 다만, 법인 또는 개인이 그 위반 행위를 방지하기 위하여 해당 업무에 관하여 상당한 주의와 감독을 게을리하지 아니한 경우에는 그러하지 아니하다.

제28조(과태료) ① 제11조 제2항 또는 제13조 제3항에 따른 신고의무를 위반한 자와 제24조에 따른 유사명칭을 사용한 자에게는 500만 원 이하의 과태료를 부과한다.

② 제1항에 따른 과태료는 대통령령으로 정하는 바에 따라 보건복지부장관, 시·도지사 또는 시장·군수·구청장이 부과·징수한다.

부칙 〈제10784호, 2011.6.7〉

제1조(시행일) 이 법은 공포 후 1년이 경과한 날부터 시행한다.

제2조(부랑인 및 노숙인 보호를 위한 시설에 관한 경과조치) 이 법 시행 전에 「사회복지사업법」에 따라 설치된 부랑인복지시설 및 노숙인쉼터는 이 법에 따라 설치된 노숙인복지시설로, 상담보호센터는 노숙인종합지원센터로 본다. 다만, 국가와 지방자치단체 외의 자가 운영하는 노숙인시설은 이 법 시행 후 1년 이내에 제15조 제3항에 따른 설치·운영 기준을 갖추어 다시 신고하여야 한다.

제3조(다른 법률의 개정) ① 사회복지사업법 일부를 다음과 같이 개정한다.

제2조 제1호 각 목 외의 부분 중 "부랑인 및 노숙인보호"를 "노숙인 등 보호"로 하고, 같은 조에 저목을 다음과 같이 신설한다.

저. 「노숙인 등의 복지 및 자립지원에 관한 법률」

제34조 제4항 중 "사회복지관, 부랑인 및 노숙인보호를 위한 시설의 설치·운영에 관한 사항과 부랑인 및 노숙인보호를 위한 시설의 입·퇴소의 기준·절차 및 직업보도 등에 관하여 필요한 사항"을 "사회복지관의 설치·운영에 필요한 사항"으로 한다.

② 의료급여법 일부를 다음과 같이 개정한다.

제3조 제1항 제9호를 제10호로 하고, 같은 항에 제9호를 다음과 같이 신설한다.

9. 「노숙인 등의 복지 및 자립지원에 관한 법률」에 따른 노숙인 등

[일본] 홈리스의 자립지원 등에 관한 특별조치법

[시행 2002.8.7] [법률 제105호, 2002.7.31. 제정]

제1장 총칙

제1조(목적) 이 법률은 자립 의사가 있으면서 홈리스가 되는 것을 피할 수 없게 된 자가 다수 존재하여 건강하고 문화적인 생활을 할 수 없는 동시에 지역사회와의 갈등이 생기고 있는 현상을 감안하여, 홈리스의 자립 지원, 홈리스가 되는 것을 방지하기 위한 생활상의 지원 등에 관하여 국가 등이 해야 할 책무를 분명히 하는 동시에 홈리스의 인권을 배려하고 또한 지역사회의 이해와 협력을 얻으면서 필요한 시책을 강구함으로써 홈리스에 관한 문제해결에 이바지하는 것을 목적으로 한다.

제2조(정의) 이 법률상 "홈리스"는 도시공원, 하천, 도로, 역사 등 기타 시설을 이유 없이 기거장소로 하여 일상생활을 영위하고 있는 자를 말한다.

제3조(홈리스 자립지원 등에 관한 시책의 목표 등) ① 홈리스 자립지원 등에 관한 시책의 목표는 다음의 사항으로 한다.

1. 자립의사가 있는 홈리스에 대하여, 안정된 고용의 장 확보, 직업능력개발 등에 의한 취업기회의 확보, 주택으로의 입주 지원 등에 의한 안정된 거주 장소의 확보 및 건강진단, 의료제공 등에 의한 보건 및 의료서비스 확보에 관한 시책, 생활에 관한 상담 및 지도를 실시함으로써 이러한 자를 자립시키는 것
2. 홈리스가 되는 것을 피할 수 없게 될 우려가 있는 자가 다수 존재하는 지역을 중심으로 이루어지는, 이러한 자에 대한 취업 기회의 확보, 생활에 관한 상담 및 지도의 실시, 기타 생활상의 지원에 의해, 이러한 자가 홈리스가 되는 것을 방지하는 것

3. 그 외 일시숙박시설 제공, 일상생활에 필요한 물품지급, 기타 긴급한 원조, 생활보호법(소화 25년 법률 제144호)에 의한 생활보호의 실시, 국민계몽에 의한 홈리스 인권옹호, 지역의 생활환경개선 및 안전 확보 등을 통해 홈리스문제 해결을 도모하는 것

② 홈리스의 자립 지원 등에 관한 시책에 대하여는, 홈리스의 자립을 위해서는 취업 기회의 확보가 가장 중요하다는 점에 유의하면서 전항의 목표에 따라서 종합적으로 추진되어야 한다.

제4조(홈리스자립의 노력) 홈리스는 그 자립을 지원하기 위한 국가 및 지방자치단체의 시책을 활용하는 것 등에 의해 스스로의 자립에 노력한다.

제5조(국가의 책무) 국가는 제3조 제1항 각 호에 게재된 사항에 의거하여 종합적인 시책을 책정하고 실시하여야 한다.

제6조(지방공공단체의 책무) 지방공공단체는 제3조 제1항의 각 호에 게재된 사항에 의거하여 해당 지방공공단체에 있어서 홈리스에 관한 문제를 실정에 맞게 정책을 책정하고 실시한다.

제7조(국민의 노력) 국민은 홈리스에 관한 문제에 대해 이해를 도모함과 동시에 지역사회 수준에서 국가 및 지방공공단체가 실시하는 시책에 협력하는 것 등에 의해 홈리스자립지원 등을 위해 노력한다.

제2장 기본방침 및 실시계획

제8조(기본방침) ① 후생노동대신 및 국토교통대신은 제14조의 규정에 의해 전국조사를 기반으로, 홈리스자립지원 등에 관한 기본방침(이하 기본방침)을 책정해야만 한다.

② 기본방침은 다음의 항에 의한다.

1. 홈리스 취업기회확보, 안정된 주거확보, 보건 및 의료서비스제공, 생활상담 및 지도에 관한 사항
2. 홈리스 자립지원사업(홈리스에 대해 일정 기간 숙박 장소를 제공한 후 건강진단, 신원 확인 및 생활상담·지도를 실시하는 동시에 취업상담 및 알선 등을 실시함으로써 그 자립을 지원하는 사업을 말한다)외에 홈리스 개개인의 사정에 대응한, 그 자립을 종합

적으로 지원하는 사업실시에 관한 사항

3. 홈리스가 되는 것을 피할 수 없게 될 우려가 있는 자가 다수 존재하는 지역을 중심으로 이루어지는 이러한 자에 대한 생활상 지원에 관한 사항
4. 홈리스에 대해 긴급히 행해야 할 원조에 관한 사항, 생활보호법에 의한 보호실시에 관한 사항, 홈리스 인권옹호에 관한 사항, 지역생활환경 개선 및 안전 확보에 관한 사항
5. 홈리스 자립지원 등을 행하는 민간단체와의 제휴에 관한 사항
6. 전항에 게재된 것 이외에 홈리스자립지원 등에 관한 기본적인 사항

③ 후생노동대신 및 국토교통대신은 기본방침을 책정하고자 할 경우 총무대신 및 그 외 관련 행정장관과 협의하여야 한다.

제9조(실시계획) ① 도도부현은 홈리스 문제에 대한 정책을 실시하기 위해 필요한 경우 기본방침에 입각하여 해당 시책을 실시하기 위한 계획을 수립해야 한다.

② 전항의 계획을 책정한 도도부현 구역 내의 시정촌(특별구를 포함한다. 이하 같다)은 홈리스에 관한 문제의 실정에 맞는 시책을 실시하는 데 필요하다고 인정되는 때에는, 기본방침 및 동항의 계획에 입각하여 해당 시책을 실시하기 위한 계획을 책정하여야 한다.

③ 도도부현 또는 시정촌은 제1항 또는 전항의 계획수립에 대해, 지역주민과 홈리스자립지원사업을 수행하는 민간단체의 의견을 청취하도록 노력해야 한다.

제3장 재정상의 지침 등

제10조(재정상의 조치 등) 국가는 홈리스 자립지원 등에 관한 시책을 추진하기 위해 지역 내 홈리스가 많이 존재하는 지방공공단체 및 홈리스 자립지원사업을 수행하는 민간단체를 지원하기 위한 재정상 조치 및 기타 필요조치를 마련하기 위해 노력해야 한다.

제11조(공공으로 제공되는 시설의 적절한 이용확보) 도시공원 기타 공공으로 제공되는 시설을 관리하는 자는 해당 시설에 홈리스가 생활하는 것

으로 인해 해당 시설의 이용이 방해될 경우, 홈리스의 자립지원 등에 관한 시책과의 협조체계를 이용하여 법령 규정에 따라 해당 시설의 적절한 이용을 보장하기 위한 조치를 취하여야 한다.

제4장 민간단체 능력의 활용 등

제12조(민간단체의 능력 활용 등) 국가 및 지방공공단체는 홈리스 자립지원 등에 관한 시책 실시에 있어서 홈리스 자립지원 등에 관한 민간단체 역할의 중요성에 유의하여 이러한 단체와의 긴밀한 협조를 확립하도록 노력함과 동시에 민간단체의 능력 활용을 적극 도모하여야 한다.

제13조(국가 및 지방공공단체의 제휴) 국가 및 지방공공단체는 홈리스 자립지원 등에 관한 시책을 실시하는 데 있어서 상호 긴밀한 협조체제의 확보에 노력한다.

제14조(홈리스 실태에 관한 전국조사) 국가는 홈리스 자립지원 등에 관한 시책의 책정 및 실시를 위해 지방공공단체의 협력을 통해 홈리스 실태에 관한 전국조사를 실시하여야 한다.

부칙

제1조(시행기일) 이 법률은 공포일부터 시행한다.

제2조(이 법률의 실효) 이 법률은 이 법률의 시행일부터 기산하여 10년을 경과한 날에 그 효력을 상실한다.

제3조(검토) 이 법률의 규정에 대하여는, 이 법률의 시행 후 5년을 목표로 하여 그 시행상황 등을 감안하여 검토하고 그 결과에 의거하여 필요한 조치를 강구한다.

찾아보기

ㄱ

가마가사키 지원기구 89, 90
가설일시피난소 129, 134
간이숙박소 43, 44, 130, 134, 148
감염병 58
갱생시설 18, 130, 134
거리노숙 5
거리노숙인 7, 15, 61, 120, 121, 133
거택보호 43
건강보험 54, 63
건강비교 56
건강상태 58
건설일용노동자 147
공공부조 25
공공부조제도 32, 64
공공임대 35
공공임대주택 26
교육적 지원 77
교육지원활동 80, 82, 83, 96, 103, 104, 106, 111
구호시설 18, 130, 134
국공립병원 63
국립중앙의료원 63
국민기초생활보장제도 32
국민임대주택제도 38
근로빈곤층 34
기업복지 25
기타큐슈 지원기구 91, 95, 108, 109

ㄴ

노동시장 이중화 25
노동형 주택 39
노숙 예방 45
노숙 위험 23
노숙의 지속 기간 3
노숙의 회전문 현상 41
노숙인 가족 7, 20
노숙인 규모 15, 18
노숙인 긴급일시숙박사업 42
노숙인 등 154, 176
노숙인 등의 복지 및 자립지원에 관한 법률(노숙인복지법) 8, 9, 120, 122, 155
노숙인복지시설 122
노숙인 수 116
노숙인 쉼터 116, 134
노숙인시설 17
노숙인의 정체성 3

노숙인 자립지원사업 42
노숙인자활시설 122, 143
노숙인 정책 27
노숙인 종합상담추진사업 42
노숙인종합지원센터 122, 143
노숙인 지원 정책 3, 76, 117
노숙인 지원체계 117, 144
노인빈곤 32

ㄷ
다시서기센터 78, 87, 93, 103, 108, 110
단계적 접근모델 27, 40
단신 성인 노숙인 20
도시재개발사업 37
도야 43
동아시아적 특성 3, 21

ㅁ
만성병 58
매입임대주택 지원사업 42, 124, 126, 144
멘토링 92, 93, 94
무료저액숙박소 44, 129, 132, 134, 144, 148
무형식 교육지원활동 83, 92
미충족 필요 60
민간매입주택 144
민간의료기관 63
민간임대 35

ㅂ
반주형지원사 80, 98, 99
발생률 58
보건소 63
보건의료 54
보수주의 24
보편주의형 36
복지체계 67
부랑인 6, 16, 165
부랑인 및 노숙인 보호시설 설치 121
부랑인 시설 17, 134
비거리노숙인 61
비급여 67
비닐하우스촌 134
비숙박 다중이용시설 134
비정규 고용 34
비정규직 근로자 35
비형식 교육지원활동 83, 84, 88
빈곤 23
빈곤율 28

ㅅ
사망 57
사망률 57
사망원인 57
사회민주주의 24
사회보장 67
사회복지법인 138, 146
사회복지사업법 121, 122
사회적 결정요인 67
사회정책 23
상담보호센터 22, 117, 121

새로운 노숙인 178
생활보호급여 146
생활보호법 64, 126, 159
생활보호제도 8, 33, 107, 108
생활부조 131, 142
선별주의형 36
쉼터 22
시설노숙인 15, 18
시설보호 41, 183
시설 수용 노숙인 7
시설 중심적 특성 183
시설 중심 지원 체제 124
실업급여 32
실업부조 32
실직노숙인 121, 116, 167

ㅇ

아시아형 노숙인 5
알코올 중독 58
연공급 25
영구임대주택 37
요세바 35, 117
원룸 130, 134, 148
유병률 58
응급구호 40
응급잠자리 134
응급조치 123
의료급여 63, 66, 67
의료부조 64, 66, 67, 131
의료비 61
의료서비스 61, 66
의료이용 55
의료지원 123
인문학과정 87, 108
일시보호(쉘터) 43
일용노동자 등 기능강습(技能講習)사업 143
일 우선(work first) 접근 41
임대료 지원 26, 35
임시주거비 지원사업 124
IMF 경제위기 166

ㅈ

자격 없는 빈자 8
자립지원 9
자립지원센터 42, 129
자살 59
자원봉사 141, 148
자유시장경제 24
자유주의 24
자존감 84, 87, 107
저렴숙소 145
저렴주거 23, 26, 35
정상화 모델 27, 40
조정시장경제 24
종교법인 138, 147
종신고용제도 25
종합지원센터 122
주거보조금 26, 135
주거부조 131
주거우선 접근 27, 44, 47
주거정책 26
주거준비 27
주택 200만 호 건설계획 37

주택부조 139, 142
주택부조비 139
중층모델 27
중층전략 40
지역생활이행지원사업 43
직장체험강습 91
진료소 63
진료시설 63
쪽방 134, 145
쪽방상담소 146

ㅊ

청년 노숙인 7, 20

ㅌ

타민방지론(墮民防止論) 186
탈노숙 46, 121, 143
특정비영리활동법인(NPO 법인) 79, 127, 135, 139, 147
특정비영리활동촉진법 139, 147

ㅍ

필요(need) 60

ㅎ

학습권 109
한일 비교 연구 5
행려병인 및 행려사망인 취급법 159
형제복지원 사건 166
홈리스 6, 154, 177
홈리스긴급일시숙박사업 128
홈리스 등 시행고용(試行雇用)사업 143
홈리스문제연락회의 159, 161
홈리스복지법제정추진위원회 169
홈리스의 자립지원에 관한 특별조치법(홈리스특별법) 9, 42, 119, 127, 147, 155, 156
홈리스자립지원사업 128
홈리스자립지원센터 18
홈리스전국실태조사 184
홈리스지원 전국네트워크 77, 79, 98, 104
홈리스총합상담추진사업 128

집필자 소개(가나다순)

강대중

서울대학교 교육학과 부교수(현재)
미국 조지아 대학 평생교육 및 행정 정책학과 졸업(박사)
서울대학교 대학원 교육학과 졸업(석사)
서울대학교 교육학과 졸업(학사)
한국평생교육학회 이사
한국학부모학회 학술이사
Asia Pacific Education Review(APER) Associate Editor
국가평생교육진흥원 독학학위운영위원회 위원
서울특별시교육청 문자해득교육심사위원회 위원

저서: 『대안학교는 학교가 아니다』, *Linkages of VPL: Validation of prior learning as a multitargeted approach for maximising learning opportunities for all* (공편저), 『한국의 노숙인: 그 삶을 이해한다는 것』(공저), 『최신교육학개론』(공저), 『평생교육개론』(공저), 『성인교육의 의미』(공역)

구인회

서울대학교 사회복지학과 교수(현재)
미국 워싱턴 대학 사회복지대학원 졸업(박사)
서울대학교 대학원 사회복지학과 졸업(석사)
서울대학교 철학과 졸업(학사)
한국사회정책학회 회장
서울대학교 사회과학연구원 원장

저서: 『경제위기와 청소년 발달』, 『한국의 소득불평등과 빈곤』, 『한국의 노숙인: 그 삶을 이해한다는 것』(공편저), 『비정규고용과 사회정책』(공저), 『사회복지정책론』(공저)

김소영

서울대학교 대학원 사회복지학과 박사수료(현재)
서울대학교 대학원 사회복지학과 졸업(석사)
한양대학교 영어영문학과 졸업(학사)

저서: 『한국의 노숙인: 그 삶을 이해한다는 것』(공저)

김의태

서울대학교 대학원 교육학과 박사수료(현재)
서울대학교 대학원 교육학과 졸업(석사)
서울대학교 수학교육과 졸업(학사)

저서: 『한국의 노숙인: 그 삶을 이해한다는 것』(공저)

김창엽

서울대학교 보건대학원 교수(현재)
서울대학교 대학원 보건학과 졸업(석사, 박사)
서울대학교 의과대학 졸업(학사)
비판과 대안을 위한 건강정책학회 회장
사단법인 시민건강증진연구소 이사장, 소장

저서: 『건강할 권리』, 『건강보장의 이론』, 『일차보건의료와 보건진료원 제도』, 『미국의 의료보장』, 『한국의 노숙인: 그 삶을 이해한다는 것』(공저), 『무상의료란 무엇인가』(공저), 『보건의료개혁의 새로운 모색』(편저), 『빈곤과 건강』(편저), 『나는 '나쁜' 장애인이고 싶다』(편저)

박지숙

서울대학교 대학원 교육학과 박사수료(현재)
서울대학교 대학원 교육학과 졸업(석사)
서울대학교 교육학과 졸업(학사)

신명호

사회투자지원재단 부설 사회적경제연구센터 소장(현재)
서울대학교 대학원 사회복지학과 졸업(박사)
서울대학교 대학원 인류학과 졸업(석사)
서울대학교 인류학과 졸업(학사)
한국도시연구소 소장
한국지역자활센터협회 이사
한국마이크로크레디트 신나는조합 이사장
대통령자문 빈부격차차별시정위원회 및 양극화·민생대책위원회 전문위원

저서: 『빈곤을 보는 눈』, 『왜 잘사는 집 아이들이 공부를 더 잘하나?: 사회계층간 학력자본의 격차와 양육관행』, 『한국의 노숙인: 그 삶을 이해한다는 것』(공편저), 『한국사회의 신빈곤』(공저), 『도시공동체론』(공저)

유야마 아쓰시

서울대학교 대학원 사회복지학과 박사수료(현재)
서강대학교 대학원 사회복지정책학과 졸업(석사)
일본 국립우쓰노미야대학 대학원 교육학과 졸업(석사)
일본 국립우쓰노미야대학 교육학과 졸업(학사)

이상직

서울대학교 대학원 사회학과 박사과정(현재)
서울대학교 대학원 사회학과 졸업(석사)
한양대학교 사회학과 졸업(학사)

저서: 『세대갈등의 소용돌이: 가족·경제·문화·정치적 메커니즘』(공저), 『한국의 노숙인: 그 삶을 이해한다는 것』(공저)

정근식

서울대학교 사회학과 교수(현재)
서울대학교 사회학과 및 동 대학원 졸업(학사, 석사, 박사)
한국비판사회학회장
한국사회사학회장
서울대학교 평의원회 의장

저서: 『한국의 노숙인: 그 삶을 이해한다는 것』(공편저), 『(탈)냉전과 한국민주주의』(편저), 『남북한 교류협력 거버넌스의 구조와 동학』(공저), 『식민권력과 근대지식: 경성제국대학연구』(공저), 『경계의 섬, 오키나와』(공편저)

발간사

다가오는 미래가 아시아의 시대가 될 것이라는 인식은 이제 우리에게 그리 새롭지는 않습니다. 그렇다면 우리에게 주어진 과제는 한국인과 한국사회는 어떤 존재로서 아시아의 시대를 살아가고자 하는가 하는 질문을 통해 우리와 남의 모습을 상상하고, 우리와 남의 관계에 대한 그림을 그리고, 그것들을 실천하는 일일 것입니다.

그러나 아시아의 시대가 온다고 해서 아시아 사람들이 저절로 잘 살게 되는 것도, 아시아가 저절로 평화롭고 정이 넘치는 공동체가 되는 것도 아닐 것입니다. 그러므로 우리는 아시아 지역을 살아가는 사람들이 어떤 공동체를 만들어가고 싶은가, 아시아 공동체가 잘 되면 인류에게 무슨 도움이 되는 것인가 하는 질문을 해야 하지 않을까 싶습니다. 오히려 아시아의 시대가 왔다고 생각하기 시작한 지난 20여 년간 아시아 내부의 갈등과 적대, 민족주의와 인종차별 등은 더 심해지고 있다는 착각이 듭니다. 그것을 착각이라고 생각하는 까닭은 외양으로 보면 그렇게 보이지만, 실제 내부에서 일어나는 현상을 찬찬히 살펴보면, 아시아 내부의 상호이해와 교류가 느리지만 거대한 규모로 일어나고 있다고 믿기 때문입니다. 지표면에서 보면 날씨 변화도 심하고 지진도 자주 일어나지만, 땅속 깊은 곳에서 아시아의 시대를 만들어가는 지하수의 물줄기가 형성되고 있는 것 아닌가 싶습니다.

20세기 유럽과 미국이 축적한 자연과학과 인문·사회과학 등 근대의 학문적 지식은 인류 문명의 새로운 길을 열었고, 인류의 행복과 안정에 커다란 기여를 했습니다. 물론 제국주의 지배와 전쟁, 차별과 빈곤을 동시에 가져다주기도 했습니다. 아시아의 세기는 서양의 근대를 넘어서서 새로운 '근대 이후'를 만들어나가는 일이어야 합니다.

지식의 생산과 공유, 인재 양성을 책임지고 있는 대학이라는 공간에서 아시아에 대한 어떤 지식을 생산하고, 아시아에 대해 무엇을 어떻게 가르칠 것인가 하는 문제의식이야말로 서울대학교 아시아연구소에 주어진 책무일 것입니다. 서울대학교 아시아연구소는 2009년 9월 출범한 이래 지역과 주제의 결합에 기초한 아시아 연구의 세계적 허브 구축을 목표로 아시아 연구 기반 구축과 우수 연구 활동 지원 등의 다양한 학술 활동을 진행해 왔습니다. 특별히 아시아에 대한 지식 생산의 기반을 다지는 작업으로서, 우수한 기초 연구 활성화를 위해 노력해 왔습니다.

서울대학교 아시아연구소총서는 바로 이러한 학문적 노력의 결실입니다. 앞으로도 서울대학교 아시아연구소는 국내외 연구자들의 우수한 연구를 지원하여 그 결과물을 지속적으로 발간해나갈 것입니다. 이러한 아시아연구소총서가 아시아의 시대를 열어가는 데 필요한 기반을 만드는 중요한 지적 자산이 되기를 기대합니다. 이를 바탕으로 아시아 시대를 만들어가는 지하수를 실증적으로 드러내고, 아시아 내부의 상호 이해와 교류를 넓혀갈 수 있길 바랍니다.

서울대학교 아시아연구소